K. S. Macquoid und G.S. Macquoid

Die Eifelreise

RHEIN-MOSEL-VERLAG
Briedel/Mosel
Römerstraße 6 D-56867 Briedel
Tel. 06542/5151 Fax 06542/61158

ISBN 3-929745-09-7
Ausstattung: Cornelia Macioschek
Druck: Weihert-Druck Darmstadt

K. S. Macquoid und G.S. Macquoid

Die Eifelreise

Mit Zeichnungen von
Thomas R. Macquoid

Aus dem Englischen von
Dr. Charlotte Houben

Titel der englischen Originalausgabe von 1896:
IN THE VOLCANIC EIFEL
Hutchinson & Co. London

Arne Houben
RHEIN-MOSEL-VERLAG

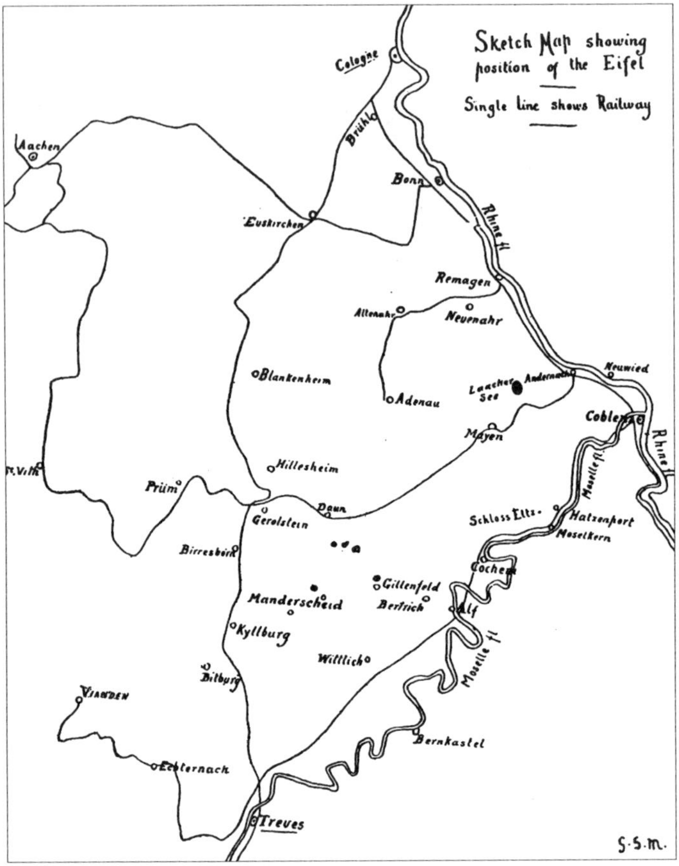
Sketch Map showing position of the Eifel
Single line shows Railway
Cologne
Brühl
Aachen
Bonn
Euskirchen
Rhine fl
Remagen
Altenahr
Neuenahr
Blankenheim
Adenau
Laacher See
Andernach
Neuwied
Coblenz
Mayen
Rhine fl
Hillesheim
St. Vith
Prüm
Daun
Gerolstein
Moselle fl
Schloss Eltz
Hatzenport
Moselkern
Birresborn
Cochem
Gillenfeld
Manderscheid
Bertrich
Alf
Kyllburg
Wittlich
Moselle fl
Bitburg
Vianden
Bernkastel
Echternach
Treves
S.S.M.

Table of Distances

Zurückgelegte Entfernungen:		Meilen	km
Eisenbahn	von Köln nach Hillesheim	63,0	101,4
Eisenbahn	von Hillesheim nach Gerolstein	6,0	9,7
Kutsche	von Gerolstein nach Pelm	1,3	2,0
Kutsche	von Pelm nach Kasselburg	0,5	0,9
Kutsche	von Gerolstein nach Lissingen	1,3	2,0
Kutsche	von Lissingen nach Birresborn	3,8	6,0
Kutsche	von Birresborn nach Mürlenbach	2,5	4,0
Eisenbahn	von Mürlenbach nach Kyllburg	8,0	13,0
Kutsche	von Gerolstein nach Daun	13,5	21,8
Kutsche	von Daun zu den Kraterseen	22,5	4,0
Kutsche	von Daun nach Manderscheid	10,5	17,0
Kutsche	von Manderscheid zum Mosenberg	3,0	4,9
Kutsche	von Manderscheid zum Horngraben	2,5	4,0
Kutsche	von Manderscheid nach Neumühle	3,0	4,9
Kutsche	von Manderscheid nach Himmerod	7,0	11,3
Kutsche	von Manderscheid nach Gillenfeld	6,0	9,7
Kutsche	von Gillenfeld zum Pulvermaar	1,3	2,0
Kutsche	von Manderscheid nach Wittlich	12,5	20,0
Kutsche	von Manderscheid nach Eisenschmitt	7,5	12,1
Kutsche	von Eisenschmitt nach Kyllburg	7,5	12,1
Kutsche	von Kyllburg nach Malberg	1,0	1,6
Kutsche	von Kyllburg nach St. Thomas	3,0	4,9
Eisenbahn	von Kyllburg nach Trier	28,0	45,0
Eisenbahn	von Trier nach Igel	7,0	11,3

Zurückgelegte Entfernungen:		Meilen	km
Eisenbahn	von Trier nach Bullay	32,5	52,4
Kutsche	von Bullay nach Bad Bertrich über Alf	5,0	8,0
Eisenbahn	von Bullay nach Cochem	6,5	10,5
Eisenbahn	von Cochem nach Moselkern	10,5	17,0
Kutsche	von Moselkern zur Burg Eltz	4,0	6,4
Eisenbahn	von Cochem nach Hatzenport	14,0	22,6
Kutsche	von Hatzenport nach Münstermaifeld	3,5	5,6
Kutsche	von Münstermaifeld zur Burg Eltz	3,0	4,6
Eisenbahn	von Hatzenport nach Koblenz	16	25,8
Eisenbahn	von Koblenz nach Andernach	10,5	17,0
Eisenbahn	von Andernach nach Gerolstein	58,5	94,2
Eisenbahn	von Andernach nach Plaidt	4,0	6,4
Kutsche	von Plaidt zur Rauschermühle	1,0	1,6
Kutsche	von Andernach nach Maria Laach	9,0	14,5
Kutsche	von Maria Laach nach Tönisstein	5,5	8,9
Kutsche	von Brohl nach Andernach	4,5	7,3
Eisenbahn	von Andernach nach Köln	46,0	74,0

INDEX for TRAVELLERS

Hinweise für Reisende:

Die deutsche Zeit liegt etwa eine Stunde vor der englischen Zeit.
Beim Bezahlen eines gemieteten Wagens, dessen Besitzer auch der Kutscher ist, wird ein Trinkgeld oder Pour Boire nicht erwartet.

Ein Kilometer = 1093 Yards.

Um angenähert Kilometer in englische Meilen umzurechnen, nimm sie mal fünf und teile durch acht.

M. steht für Mark; Pf. für Pfennig; 100 Pfennige = eine Mark; eine Mark = ein Schilling.

P. steht für Pension, und Pension bedeutet in der Eifel Essen und Schlafen pro Person; es schließt alles ein, außer Wein, Bier, Mineralwasser und persönliche Bedienung; Pensionspreise werden selten für weniger als fünf Tage Aufenthalt gewährt.

Rückfahrtschein für dreißig Tage: Liverpool-Street bis Köln, erste Klasse 3 Pfd., 7 Schilling, 6 Pence; zweite Klasse 2 Pfd., 4 Schilling, 9 Pence; - über Hook van Holland.
Kontinental-Expreßzug 8.30 Uhr abends - Liverpool-Street bis

Parkeston-Kai; oder 5.30 Uhr nachmittags Zug - Liverpool-Street bis Parkeston-Kai-Hotel; bequeme Zeit zum Essen um 7.30 Uhr, und an Bord, ehe der Kontinental-Expreß ankommt, oder aber Essen im Great-Eastern-Hotel, Liverpool-Street-Station, um 7 Uhr und Weiterfahrt mit dem 8.30 Uhr Kontinental-Expreß.

Dampfer verläßt Parkeston-Kai nach Hook van Holland um 10 Uhr abends. Dampfer erreicht Hook um 5.05 Uhr morgens holländischer Zeit. Frühstück im Durchgangszug, der Hook v.H. um 5.33 Uhr morgens verläßt; er erreicht Köln um 12.50 Uhr mittags, deutscher Zeit. Der Bahnhof ist so nahe an den Hotels, daß man keinen Wagen braucht. Hotel Ernst, in der Trankgasse, sehr gut und bequem; Hotel du Dom, im Domhof, gut. Gute Zimmer kann man in jedem dieser Hotels bekommen, pro Nacht vier Mark, aber es ist besser, vor der Abreise von England aus Zimmer zu bestellen.

Sehenswürdigkeiten:
Die Kathedrale oder Dom
Domschatz und Dombild
Kirche von St.Peter
" " den Aposteln
" " St. Ursula
" " St. Gereon
" " St. Andreas
" " St. Kunibert
Das Rathaus
Der Gürzenich
Das Haus von Maria von Medici oder Rubenshaus
Das Tempelhaus
Das Stadtmuseum
Die Neustadt
Die Marktplätze
Der Rhein und seine Brücken
Die alten Stadttore usw.
Zug von Köln nach Gerolstein: erste Klasse 8 Mark, 90 Pf., zweite Klasse 6 Mark, 70 Pf., dritte Klasse 4 Mark, 50 Pf.

HILLESHEIM, etwa drei Meilen von der Haltestelle. Hotel Kloep, P., 4 M.

CASSELBURG, P., 4 M. Zimmer müssen im voraus bestellt werden beim Forsthaus, Herr Henn, Casselburg.

GEROLSTEIN, Hotel Heck, P., 4 M., Hotel Post. An der Haltestelle oft keine Fahrgelegenheit, wenn nicht bei einem Hotel bestellt. Eisenbahn nach Daun: erste Klasse 1 M. 30 Pf.; zweite Klasse 90 Pf., dritte Klasse 40 Pf. Zweispänniger Wagen nach Daun, 15 M.

DAUN, Hotel Hommes, P., 3 M. 50 Pf. bis 4 M. 50 Pf.; Einspänner zu den Seen, 4 M.; Zweispänner nach Manderscheid, 12 M.

MANDERSCHEID, Hotel Fischer, P., 3 M. 50 Pf., bis 4 M. Hotel Zens. Es ist notwendig, Zimmer mindestens eine Woche im Voraus beim Hotel Fischer zu bestellen. Einspänner nach Gillenfeld (Hotel Post), Pulvermaar und zurück, 10 M.; zur Abtei Himmerod und zurück, 7 M.; zu den Dauner Maaren und zurück 10 M.; zum Horngraben und zurück, 4 M.; Die Postkutsche fährt täglich nach Daun, ebenso nach Wittlich. Zweispänner nach Kyllburg 18 M.

EISENSCHMITT, Hotel Yung, P., 3 M. 50 Pf.

KYLLBURG, Hotel Stern, P., 3 M. 50Pf.; Hotel Post , P., 3 M. 50 Pf., für einen Aufenthalt von fünf Tagen, billiger bei längerem Bleiben. Eisenbahn von Kyllburg nach Gerolstein: erste Klasse, 2 M.; zweite Klasse, 1 M. 50 Pf.; dritte Klasse 1 M.; Eisenbahn von Kyllburg nach Erdorf: erste Klasse 50 Pf., zweite Klasse 40 Pf., dritte Klasse 20 Pf. Von Erdorf, Post oder Wagen nach Bitburg, Wagen nach Vianden. Eisenbahn von Vianden nach Trier. Eisenbahn von Kyllburg nach Trier: erste Klasse 3 M. 50 Pf.; zweite Klasse 2 M. 60 Pf.; dritte Klasse 1 M. 70 Pf.

TRIER, Hotels: Rotes Haus, Stadt Venedig, Post;

Restaurant: Café Bellevue, auf der Höhe über Pallien.

Sehenswürdigkeiten:
Kathedrale oder Dom
Liebfrauenkirche und Kreuzgang
Basilika
Römischer Palast
Amphitheater
Römische Bäder
Römische Brücke
Porta Nigra
Der Marktplatz
Die Mosel
Der Kockelsberg
Das Igel-Monument
Das Sirzenicher Tal

Von Trier nach Igel: Eisenbahn oder Wagen; Trier nach Bullay, Eisenbahn; erste Klasse 3 M. 40 Pf.; zweite Klasse 2 M. 50 Pf.; dritte Klasse 1 M. 70 Pf.; von der Haltestelle Bullay nach Bad Bertrich und zurück, Einspänner, 8 M.

ALF, Hotel zur Post, P., 4 bis 6 M. Bullay nach Cochem Eisenbahn, erste Klasse 90 Pf., zweite Klasse, 70 Pf., dritte Klasse 40 Pf.

COCHEM, Hotel zur Union, P., 6 M., gut. Boot auf der Mosel 1 M. 50 Pf. für die Stunde. Schloß, eine bis drei Personen 1 M. Cochem nach Hatzenport, Eisenbahn; erste Klasse 1 M. 70 Pf.; zweite Klasse 1 M. 30 Pf.; dritte Klasse, 90 Pf. Hatzenport nach Münstermaifeld, Postkutsche, 50 Pf.

MÜNSTERMAIFELD, Hotel Maifelder Hof, P., 4 M.; Wagen nach Schloß Eltz und zurück nach Hatzenport, 8 M. Einlaß in Schloß Eltz nur nach schriftlicher Erlaubnis des Eigentümers;

Hatzenport nach Koblenz, Eisenbahn, erste Klasse 2 M. 20 Pf.; zweite Klasse 1 M. 60 Pf.; dritte Klasse 1 M. 10 Pf.

KOBLENZ, Hotels: Belle Vue, am Rhein, teuer; Wildes Schwein, in der Stadt, gut und preiswert. Koblenz nach Andernach, Eisenbahn; erste Klasse 1 M. 50 Pf.; zweite Klasse 1 M. 10 Pf.; dritte Klasse 70 Pf.

ANDERNACH, Hotel Hackenbruch, gut. Wagen zum Laacher See und zurück - zwei Pferde - 15 M. Andernach bis Köln Eisenbahn: erste Klasse, 5 M. 90 Pf.; zweite Klasse, 4 M. 40 Pf.; dritte Klasse, 3 M.

Die Eifelreise

Einführung

YEARS ago when we were in the Ardennes, some one said, »Now that you are so near, you should go on to the Volcanic Eifel.«

Vor Jahren, als wir in den Ardennen waren, sagte jemand: »Jetzt, da Sie so nahe sind, sollten Sie die Vulkaneifel besuchen.«

Wir wollten diesen Hinweis gern befolgen, aber unsere Zeit in den Ardennen war zu kurz bemessen, und obwohl die Landkarte uns zeigte, wie nah die beiden Regionen beieinander lagen, wußten wir doch, daß wir nicht einmal für einen flüchtigen Blick auf die Eifel Zeit haben würden, und so gaben wir widerstrebend den Gedanken auf. Heute bin ich sehr froh, daß wir das taten. Der Eifeldistrikt nahe den Luxemburger Ardennen ist, soweit wir das beurteilen konnten, mit der interessanten und schönen Vulkaneifel nicht zu vergleichen, ebenso wenig wie mit der mehr nördlich gelegenen Landschaft, der »Hohen Eifel«, die sich bis nach Remagen am Rhein erstreckt.

Immerhin, vergessen war der Vorschlag unserer Freunde nicht; ein Wunsch, die Eifel zu erkunden, brannte weiter in uns, und als wir herausfanden, daß wir keine genauere Information über diese Region erlangen konnten, daß nach unserem Wissen kein Buch geschrieben worden war, das in gemeinverständlicher Weise diesen Landstrich von Deutschland behandelte, daß eine Art Geheimnis ihn umgab, wandelten sich unsere Entdeckerwünsche in die Entschlossenheit, herauszufinden, ob die Eifel überhaupt einen Besuch wert war.

Einige Jahre vorher bat uns unsere Gastgeberin bei einem Gartenfest, mit einer ihrer Freundinnen zu sprechen, die in Deutschland gelebt hatte.

»Sie ist total begeistert« sagte unsere Gastgeberin, »von einem Dorf, von dem ich nie gehört habe; das würde, glaube ich, gerade Ihnen gefallen.« Als wir den Lobliedern der Freundin über Manderscheid »die Perle der Eifel« lauschten, wären wir am liebsten sofort auf unsere lang verschobene Reise gegangen; aber »der Mensch denkt....«, und erst im August 1895 konnte unser lang gehegter Vorsatz Wirklichkeit werden.

Unsere Reise in die Vulkaneifel ist nun nicht nur eine vollendete Tatsache, sondern sie bleibt ein leuchtender Punkt in unserer Erinnerung; und sollten einige unserer Leser, wenn sie unseren Fußspuren folgen, genau so wie wir bereichert werden durch gestärkte Gesundheit und Energie und den unerschöpflichen Schatz herrlicher Erinnerungen - dann werden wir sehr befriedigt sein, daß wir die Erfahrungen unserer Reise durch dies schöne vulkanische Land niedergeschrieben haben.

Wenige Leute scheinen zu wissen, wo die Eifel liegt; wenn wir davon sprechen, ist die erste Frage: «Wo liegt die Eifel?« Wenn man sie als Reisegebiet empfiehlt, sagt man am besten, daß sie zwischen dem Tal der »Rur« im Westen und dem Moseltal im Osten liegt, oder allgemeiner ausgedrückt, zwischen den Luxemburger Ardennen und dem Rhein zwischen Remagen und Koblenz, sowie der Mosel von Koblenz bis Trier.

Nördlich schließt sie das Ahrtal, das Brohltal und andere Plätze ein; im Süden reicht sie bis Trier. Dieser Südteil, der nördlich bis Gerolstein reicht, ist Vulkan- oder Vordereifel genannt. Und in diesem schönen Landstrich verbrachten wir die meiste Zeit. Wir kehrten durch einen Teil der Hocheifel zurück, und später einmal hoffen wir, diese wieder zu besuchen und über unsere Eindrücke vom Ahrtal und seiner Umgebung zu berichten.

Die Luft der Eifel ist besonders rein und erfrischend; das Wasser ist ausgezeichnet, denn das Land hat eine Fülle von Mineralquellen. Die vielen schäumenden Flüsse und die häufigen Kraterseen bieten Gelegenheit sowohl zum Fischen wie zum Baden. Das Land scheint wie geschaffen für wandernde Touristen, so viele saubere und komfortable Gasthöfe finden sich alle sechs oder acht Meilen, wo dann eine Übernachtung mit Frühstück für etwa zwei Mark zu haben ist. Zwischen den größeren Orten gibt es immer eine Eilpost oder eine Kutsche; mancherorts fährt auch die Eisenbahn, auf der man schweres Gepäck befördern lassen kann. Die Eifel-Eisenbahn führt jetzt von Euskirchen nach Trier, über Gerolstein und Kyllburg; und von Gerolstein aus ist es einfach, über St. Vith nach Aachen zu gelangen. Ebenso führt eine Strecke nach Andernach am Rhein über Daun.

Die Hauptmerkmale der Vordereifel sind, neben ihren vulkanischen Resten und Kraterseen, die schon erwähnten lieblichen Ströme und ihre Täler und die großartigen Wälder. Diese alle, nah beieinander, ergeben eine ununterbrochene Folge von herrlichen Landschaften und bilden einen ausgezeichneten Hintergrund für die Burgruinen, die mit ihren verschiedenen Traditionen in der Eifel allgegenwärtig zu sein scheinen.

Einige der erloschenen Vulkanhügel sind ziemlich hoch, von der Hohen Acht, fast zweitausendfünfhundert Fuß hoch, bei Adenau , bis zum Krufter Ofen nahe dem Laacher See, etwa fünfzehnhundert Fuß über Meereshöhe.

Die bedeutendsten Vulkangebiete des Landes befinden sich zwischen Birresborn nahe Gerolstein und dem Laacher See. Die Landschaft zeigt wundervolle Kraterformen; zwischen Daun und Hillesheim findet der Geologe überall Interessantes; in der Gegend um Kelberg und Adenau, in der Hohen Eifel, gibt es sonderbar geformte Massen von Basaltgestein; Trachyt und Phonolit sind dort ebenfalls zu finden. Ein wundervoller Lavastrom ist aus dem Krater der Falkenley nahe Bertrich geflossen und hat seinen Weg hinunter in das Üßtal gebahnt; dieser Lavastrom soll jünger sein als ein ähnlicher nahe bei Gerolstein; der Gerolsteiner Erguß beginnt an der

Öffnung der Papenkaule, sein Weg kann den Abhang hinunter verfolgt werden, bis er das Bett der Kyll kreuzt. Vielleicht der bemerkenswerteste dieser einzigartigen Lavaströme ist im Horngraben zu sehen, nahe Manderscheid; er ist ein Erguß aus einem der Krater des Mosenberges.

Der berühmte deutsche Geologe Leopold von Buch schrieb 1820 von dieser Region: »Die Eifel hat nicht ihresgleichen in der Welt.« Charles Kingsley schrieb folgendes über Gerolstein, wohin er von Manderscheid gereist war: »Der wunderbarste Platz meines Lebens, und während der letzten drei Tage bin ich überwältigt von Staunen. Eingestürzte Berge, die grüne Seen inmitten von Getreideland bilden; Hügel, aufgetürmt zu den wildesten steilen Klippen, und zu Staub verglüht; Krater mit so vollkommenen Rändern, daß ihr Feuer noch vor kaum einem Jahr in ihnen hätte lodern können; Haufen von Schlacke und Asche zweitausendfünfhundert Fuß über Meereshöhe, auf denen nichts wachsen kann, so verbrannt sind sie; Lavaströme, die sich ins Tal ergießen, die Bäche austrocknen, wo sie sie treffen, und die dabei in Klippen aufschäumen und riesige Massen von Trachit weit in alle Vertiefungen ablagern; geheimnisvolle Mineralquellen, sprudelnd mit Kohlensäure, gleich am Straßenrand...«

Die wunderbare Reihe der erloschenen Vulkane scheint im Nordwesten am Goldberg zu beginnen; sie streicht quer über das Land bis nach Bertrich im Nordosten; eine Bergkette, nur durchbrochen durch das Tal der Kyll nahe Gerolstein, durch das Liesertal bei Daun und Manderscheid, durch die Täler der Alf und Üß bei Bertrich. Inmitten dieser Hügel sind die Krater des Goldberg, der Papenkaule, Kalmberg, Dolmberg, Erresberg oder Erensberg, Mosenberg, Mäuseberg, Falkenley und viele andere. Dieser hügelige Bezirk ist das Hauptgebiet der Vulkaneifel.

Die höchsten Eifelhügel liegen in der Ostkette der Hohen Eifel, einer Region, die den Laacher See einschließt. Es sind die Nürburg, die Hohe Acht, Aremberg und Landskron.

Der Rodderberg ist der nördlichste Vulkankrater, er liegt zwischen Rolandseck und Mehlem am Rhein.

Die Kraterseen, wie sie genannt werden, sind besonders interessant, liegen aber, wie man sagt, nicht alle in Krateröffnungen. Der größte und schönste von ihnen ist der Laacher See, nahe Andernach, und dieser füllt kein Kraterbecken; die drei Kraterseen von Daun, gebildet zwischen den Höhen des Mäusebergs, sind die interessantesten. Das Pulvermaar, nahe Gillenfeld, das nächstgroße nach dem Laacher See, ist voll von Hechten und Flußkrebsen und wird viel von Wildvögeln besucht; ein anderer See nahe Gillenfeld, ein kleiner, mit dem Namen Holzmaar, soll ebenfalls viele Fische führen.

Überall gibt es wunderschöne Wälder, wie Seen von winkendem Waldesgrün, und in ihnen sind Laubbäume fast so häufig wie die hohen düsteren Fichten. Wildblumen und Farne, manche von seltener Art, findet man häufig, besonders bei Gerolstein und Manderscheid; ihre strahlende Üppigkeit steht in starkem Kontrast zu den unheimlichen Vulkanen und den Massen von Ablagerungen, die in fantastischen Formen aus einem gebrochenen Kraterrand hervorragen, und zu den zerstörten Burgen, die oft die einst glühenden Hügel krönen.

Viele dieser Burgen stammen aus alter Zeit; bei manchen ist der Ursprung unbekannt. So große Teile des Landes sind entweder bewaldet oder bebaut, daß man sich nur schwer das Chaos vorstellen kann, das in der Eifel herrschte, als die Vulkane hier flammten.

In den rauheren Landesteilen, wo der Boden nicht mit Lava oder Asche bedeckt ist, ist es schieferig, und das macht das Klettern außerhalb der gebahnten Wege ziemlich unsicher und gefährlich. Die Einwohner sind Deutsche und zwar meistens römisch-katholisch; wo immer wir hingingen, fanden wir sie freundlich gesonnen und gefällig und einigermaßen sauber.

Die Luft erschien wunderbar heilkräftig und war das auch für uns, selbst in dem sehr heißen Sommerwetter im letzten Jahr. Überall in der Vulkaneifel sind die Pensionskosten in den Hotels selten höher als drei Mark fünfzig pro Tag für Bett, Verpflegung und alle Extras außer besonderer Bedienung.

Die beste und die schnellste Route in die Eifel führt über

Harwich und Hook van Holland, Köln und Euskirchen nach Hillesheim oder Gerolstein. Der Reisende, der mit der Hohen Eifel beginnen will, spart Zeit, wenn er über Harwich und Hook nach Köln und Remagen und dann durch das Ahrtal per Eisenbahn nach Adenau reist; oder er kann von Köln nach Andernach fahren, und von da mit der Eisenbahn über Mayen und Ulmen nach Daun und Gerolstein: von Daun aus kann er zu Fuß oder mit dem Wagen nach Manderscheid gelangen. Die Dampfer nach Hook van Holland sind sehr schöne und ausgezeichnet ausgerüstete Schiffe; sie verlassen Harwich um 10 Uhr abends, und der Reisende erreicht Köln am nächsten Tag fünf Minuten nach zwölf Uhr mittags.

Die Legenden haben wir hauptsächlich einer Sagensammlung der Eifel von P. Stolz entnommen, der sie »von den Lippen der Leute« gesammelt hat.

2. Kapitel

Köln - Gerolstein - Kasselburg

THE day we left England for Germany we wondered whether we should find the, to us, new route by The Hook of Holland as pleasant as our old and tried way from Harwich to Rotterdam.

Am Tage, als wir England auf dem Weg nach Deutschland verließen, fragten wir uns, ob wir die für uns neue Route über Hoek van Holland ebenso angenehm finden würden, wie unseren alten und erprobten Weg von Harwich nach Rotterdam. Aber als wir in Hoek v.H. drei Stunden früher an Land kamen, als wenn wir bis Rotterdam auf dem Dampfer geblieben wären, fanden wir die neue Route wundervoll. Es gab ausgezeichneten Kaffee am Buffet am Kai, und wir bestellten einen Lunchkorb für uns in Kleve. Wir hatten eine so glänzende Passage gehabt und fühlten uns so frisch, daß meine beiden Begleiter nach dem Frühstück zu unserem schönen Dampfer, der »Amsterdam«, zurückgingen, um sie bei Tageslicht besser in Augenschein nehmen zu können, als es am vorhergehenden Abend am Parkestone - Kai möglich gewesen war; sie kamen ganz begeistert zurück über all das, was sie gesehen hatten; dann nahmen wir unsere Plätze im Zug nach Köln ein. Es war interessant, so früh am Morgen durch Rotterdam zu fahren - von unserem erhöhten Standpunkt aus konnten wir das Innere des einen oder anderen Hauses erspähen. Das blitzsaubere Aussehen der Häuser bestätigte unseren früheren angenehmen Eindruck der malerischen alten Stadt. In Kleve brachte man einen ausgezeichneten warmen Lunch zu unserem Waggon, und wir rollten gerade um zwei Uhr - deutscher Zeit - in das großartige alte Köln. Das war Anfang August im vorigen Jahr; heute fährt man schneller und erreicht die altertümliche Stadt um zwölf Uhr fünf Minuten. Wir fanden das Hotel Ernst am Dom so bequem und erholsam, daß wir dort länger als geplant blieben; wir hätten in etwas mehr als drei Stunden über Euskirchen nach Gerolstein weiterreisen können.

Dieses Mal waren wir geneigt, mehr von Köln zu sehen, denn bisher waren wir nur hindurchgeeilt. Es fiel uns nicht leicht, uns der Anziehungskraft der prächtigen Kathedrale soweit zu entziehen, daß wir die vielen anderen eigenartigen Kirchen und interessanten Gebäude besichtigen konnten; jedes Mal, wenn wir in den Dom gingen, erschien er uns großartiger und eindrucksvoller. Seine Vollendung hat sich lange hingezogen, aber er ist ein Meisterstück geworden. Der Anblick der Kathedrale vom Fluß aus im Abendlicht ist sehr eindrucksvoll.

Das Rathaus von Köln ist wohl einen Besuch wert, ebenso wie verschiedene der Kirchen; eine Seite des interessanten alten Rathauses grenzt an den Altermarkt. Der Markt war, als wir ihn sahen, dicht gefüllt mit Ständen für Früchte, Gemüse, Geflügel und andere Landesprodukte; die Stände standen rund um den eindrucksvollen Brunnen; dieser ist gekrönt von der ritterlichen und romantischen Figur des tapferen Jan von Werth, eines der Helden des Dreißigjährigen Krieges. Obst-

Köln am Rhein

und Gemüsestände erstreckten sich die Straße hinunter, und wir sahen einige amüsante Auseinandersetzungen zwischen Käufern und Verkäufern. Der schöne alte Hansasaal und andere Räume im Rathaus sind sehr interessant, der luftige und malerische Rathausturm stammt aus dem Jahr 1407, aber der Hansasaal ist noch älter; man sagt, daß das erste Treffen der Hanse hier am 19. November 1367 abgehalten wurde. Durch die Restaurierung in den letzten dreißig Jahren hat der Hansasaal nun ein ziemlich neues Erscheinungsbild.

In der Sternenstraße liegt ein interessantes Haus, nahe der St. Peterskirche; lange Zeit hielt man es für den Geburtsort von Rubens; in Wirklichkeit wurde er in Siegen in Westfalen geboren, während des Exils seiner Eltern von Antwerpen. Es scheint aber sicher, daß Maria von Medici in diesem Haus 1642 verstarb. Als wir in den Mittelflur kamen, sahen wir im Raum zur Linken ein schönes Deckengemälde; aber das Haus ist heruntergekommen; zur Zeit wird es als Café und Bierausschank genutzt. Es ist bedauerlich, daß die Obrigkeit ein so bemerkenswertes Haus nicht aus seiner jetzigen Entwürdigung errettet.

In der Komödienstraße wurden wir Zeugen des typisch deutschen militärischen - sagen wir - Selbstbewußtseins. Ein Soldat fuhr mit einem Lastkarren vor die Kaserne und hielt auf den Straßenbahnschienen. Er begann Pakete an einen anderen Mann zu übergeben, der sie in das Gebäude brachte. Im nächsten Augenblick klingelte die Straßenbahn heftig, damit die Strecke frei gemacht wurde. Die Bahn voller Fahrgäste kam angefahren, und wir sahen zu, in der Erwartung, daß der Soldat seinen Wagen aus dem Weg fahren würde. Er achtete auf nichts, sondern fuhr bedächtig fort, seine Pakete auszuladen, zur Entrüstung und Empörung der Leute in der Bahn. Der Fahrer und der Schaffner schienen kaum einen Einwand zu versuchen, aber eine Anzahl der Fahrgäste stieg aus und ging zu Fuß weiter. Schließlich beendete der Soldat seine Arbeit und fuhr langsam davon. Dies war nicht das erste Mal, daß wir sahen, wie im »Vaterland« Soldaten den Zivilisten Verachtung und Unhöflichkeit zeigten.

Die Spitzen des Kölner Doms

Die Domtürme kann man von einer Ecke der Komödienstraße aus sehr gut sehen. Wir besichtigten auch die Neustadt, auf welche die Kölner so stolz zu sein scheinen; aber wir konnten vieles Sehenswerte nicht besichtigen, es zog uns fort in die Eifel.

Bei Kall, neunundreißig und eine halbe Meile von Köln, wurde das Land interessant und hatte etwas Eifel-Charakter, hügelig und stark bewaldet, mit gelegentlichen Durchblicken auf ferne Landstriche. Es ging ständig aufwärts auf der ganzen Fahrt nach Schmidtheim, das fast eintausend achthundert Fuß hoch liegt. Die letzte Station davor war Blankenheim. Dieser Name wurde uns vertraut, als wir mehr über die Eifel lernten; er ist mit der Geschichte und den Legenden des Landes so häufig verbunden. Das schöne alte Schloß von Blankenheim, jetzt eine Ruine, liegt einige Meilen von der Eisenbahnlinie entfernt und hat seinerzeit mancher schweren Belagerung widerstanden.

Es geht die Sage, daß im Mittelalter eine Familie von Heinzelmännchen dieses Schloß bewohnte und sich ganz ergeben dem regierenden Grafen und seiner Familie anschloß. Sie waren sehr klein; sie trugen graue Kleider und rote Kappen, und sie hatten die Kraft, sich unsichtbar zu machen, wenn sie nicht gesehen werden wollten oder ihrer Umgebung nicht trauten.

Graf Richard von Blankenheim nahm diese kleinen Bewohner seines Ahnenschlosses unter seinen besonderen Schutz; er ließ Essen für sie am Abend bereitstellen, und drohte, jeden sehr streng zu bestrafen, der die kleinen Leute störte. Der Graf hatte ein Kind, ein kleines Mädchen. Sophie und der Häuptling der Männchen waren gute Freunde; sie pflegten miteinander zu spielen, und was immer sie sich wünschte, sei es ein Vogel, ein Insekt oder sonst ein Naturprodukt, brachte ihr das Männchen jedes Mal; es schien, als ob er die Gedanken des süßen Kindes erriet, ehe es sie geäußert hatte.

Der Graf von Blankenheim war bekannt für seinen Reichtum und für seine Macht; da er aber ein friedlicher Mann war, hatte er wenig Feinde.

Eines Tages kam ein graubärtiger, gebrechlich wirkender Pilger zum Schloß, er war in ein langes kuttenähnliches Gewand gehüllt. Er bat um ein Abendessen und ein Nachtlager und sagte, er sei vor kurzem erst aus dem heiligen Land zurückgekehrt und sei von Hunger und Durst erschöpft.

Erzählungen aus dem heiligen Land waren damals sehr beliebt, besonders in so entlegenen Schlössern wie Blankenheim. Noch ehe der Pilger drei Tage im Schloß zugebracht hatte, war er der beliebteste Gesellschafter des Grafen geworden. Graf Rudolf saß lange über seinem Wein und hörte den wunderbaren Geschichten zu, die er erzählte. Der Fremde sagte, er sei ein Söldner gewesen, bis seine Wunden und seine Schwäche ihn gezwungen hatten, den Kriegsdienst aufzugeben; er mußte nun sein Leben durch Betteln fristen. Aber er konnte erzählen: von Belagerungen und den Schrecken, die dabei erduldet wurden, von Entkommen um Haaresbreite und verwegenen Taten, bis dem Grafen der Kopf brauste und seine Augen voll Zuneigung für den tapferen Kreuzfahrer leuchteten.

Der Pilger fand bald seinen Weg zum Kinderzimmer, wo ihn auch die kleine Sophie gleich freudig aufnahm; er wußte auch wunderbare Kindermärchen und hielt das Kind im begeisterten Zuhören fest. Wenn sie zur Antwort ihm etwas vorplapperte, konnte er ihre Hinweise auf ihre kleinen grauen Freunde nicht verstehen; denn obwohl Sophie ihr freundliches Männchen klar sehen konnte, blieben es und seine Brüder dem Pilger unsichtbar. Bis jetzt waren die grauen Männlein Sophies einzige Spielgefährten gewesen, und sie waren so eifersüchtig auf ihre Vorliebe für diesen neuen Genossen, daß sie den Pilger von Herzen verabscheuten.

Indessen lächelte der ehrwürdige Mann und sagte sich, daß das Kind ihm über die graugekleideten Freunde Kindermärchen erzählte.

Nach einiger Zeit machte der Graf eine Reise, und eines Tages während seiner Abwesenheit ließ das Kindermädchen der Kleinen seinen Schützling beim Spiel im Garten allein, während es zum Plaudern zu einem der Burschen im Schloßhof ging. Gleich fand der Pilger seinen Weg in den Garten; als er das Kind allein fand, fragte er es, ob es wohl Lust hätte, ein Stückchen mit ihm zu gehen; da würde es ein Geschenk finden, das er für es bereit habe.

»Ja ja,« rief das Kind freudig aus, »ich komme; zeig mir, wo es ist.«

Der Pilger hob Sophie auf und schlug seinen langen schleppenden Mantel um sie, so daß niemand vermuten konnte, was er da verborgen hatte.

Aber die Männchen paßten auf; versteckt bald hinter einer Rosenhecke, bald hinter einem Rosmarinbusch, hatten sie das Verhalten des Pilgers beobachtet; und sie ahnten seine Absicht; sie hatten ihn nie leiden können und mißtrauten ihm, und jetzt war ihre Gelegenheit gekommen.

»Seid flink; er darf den Garten nicht verlassen,« sagte der Häuptling zu seinen Mannen.

In einem Augenblick schwärmte die winzige Schar über Beine und Rücken des nichtsahnenden Pilgers. Er kämpfte heftig gegen seine unsichtbaren Angreifer; Sophie glitt ihm aus dem Arm und er fiel zu Boden. Er war durch seinen Fall so erschüttert und von unzähligen Rutenschlägen auf Gesicht und Kopf so geschlagen, daß er weder hören noch sehen konnte, während feine Stimmchen in seine Ohren kreischten »Dieb! Räuber! Jetzt haben wir dich erwischt!«

Der Mann versuchte vergeblich, sich zu befreien; aber so winzig die Hände waren, die ihn hielten, so zahllos waren sie, und sie hielten fest; sie plagten ihn, bis sie ihm die Perücke und den falschen Bart weggezogen hatten, und bis sie sein schleppendes Gewand zerrissen hatten und seinen Gürtel frei machten, der voller Waffen steckte.

Wenn auch die Männchen von ihrem Opfer nicht gesehen werden konnten, erreichte doch ihr Geschrei das Schloß, und verschiedene Hausleute und die Gräfin selbst rannten schnell herbei, um zu sehen, was da im Garten geschah. Die Gräfin war entgeistert von der Verwandlung, die vorgegangen war: der ehrwürdige Pilgrim war verschwunden, und an seiner Stelle sah sie einen übel aussehenden jungen Mann.

»Sophie! Wo bist du, Sophie?« rief sie.

»Ich bin hier,« und unter dem Schatten eines Lindenbaumes saß Sophie, die ihre Männchen immer sehen konnte, und weinte darüber, wie schlecht diese ihren Freund, den Pilger, behandelt hatten.

»Er sagte, er wolle mich mitnehmen,« schluchzte sie, »er sagte, er hätte ein Geschenk für mich, aber die grausamen kleinen Männchen haben ihm wehgetan.«

Da verstand die Gräfin die Verräterei ihres Gastes, und den guten Dienst, den die Männchen ihrem Kind getan hatten.

Sie ließ den Mann gefangen setzen, bis ihr Mann zurückkehrte.

Am nächsten Tag kam der Graf nach Hause; als sie alles berichteten, war er aufgeschreckt von der Gefahr, die seiner kleinen Tochter gedroht hatte, denn er erkannte in dem Gefangenen einen bekannten Räuber, der schon sein Land gebrandschatzt hatte. Er erriet, daß der Mann sich im Schloß eingeführt hatte, damit er die kleine Sophie stehlen könne, wegen des Lösegeldes, das ihm, wie er wußte, für sie geboten worden wäre.

Im Lauf der Zeit bekam der Räuber seine Strafe: den Galgen. Die Männlein wurden mehr als je geehrt; und als nach manchen Jahren das Geschlecht der Grafen erlosch und das Schloß von Blankenheim zerfiel, konnte man immer noch die Stimmen des kleinen Volkes weinen und klagen hören um den Tod ihres freundlichen Beschützers.

Hinter Schmidtheim senkt sich die Straße auf ihrem Weg nach Jünkerath; die Landschaft hier und etwa bis Hillesheim ist schön, und es lohnt sich, sie zu Fuß zu erkunden.

In Jünkerath gibt es eine Burgruine, in der, wie man sagt, niemals jemand gelebt hat; sie wurde durch einen Blitzschlag zerstört, als sie eben vollendet war. Es scheint, daß die Burg im Tal der Kyll (in das die Eisenbahnlinie hinter Dahlem eintritt) erbaut worden ist durch einen Grafen von Manderscheid und Blankenheim, einen Sproß des mächtigen Geschlechtes, dem anscheinend zu einer Zeit die ganze Eifel gehört hat.

Die Sage berichtet von diesem Grafen, daß er wenig Freude an seinem neu errichteten Bauwerk hatte. Er war sehr stolz darauf und lud Gäste aus allen Teilen des Landes ein, zu kommen und die Vollendung des Baues zu feiern. Ein glänzendes Gastmahl war vorbereitet, und alle Gäste wurden nach Herzenslust bewirtet. Solch ei-

ne großartige Festlichkeit war niemals zuvor in der Eifel gehalten worden. Die köstlichsten und teuersten Weine flossen reichlich und begannen bald bei den Trinkern zu wirken. Die neue Halle dröhnte von überschäumender Ausgelassenheit, Musik hallte durch die riesigen Räume, um die Halle und durch die Flure; die Tanzmusik schien die edlen Paare zum Verlassen des Gastmahls zu locken.

Leider waren die Gäste nicht zufrieden mit unschuldigen Vergnügungen; der so verschwenderisch ausgeschenkte Wein erhitzte sie, und die Fröhlichkeit artete schnell in wüstes Treiben aus: lüsterne Blicke wurden gewechselt, und mehr als ein Betrunkener wurde durch die Flure taumelnd gesehen; Appetit wurde zu Unmäßigkeit, und die Flut des goldenen Weines verwirrte die Gäste. Anstatt von der geziemenden Einweihung eines neuen Heimes verkündeten diese Szenen von Ausschweifung und Orgien nichts Gutes für die bisher unbewohnten Zimmer. So verrückt war die Laune der ungezügelten Gesellschaft, daß jeder Augenblick ihre völlige Unbeherrschtheit steigerte.

Plötzlich endete ihr Treiben. Ein fürchterlicher Blitzstrahl flammte durch die Halle, und dann krachte der Donner und rüttelte und spaltete die Burgmauern von oben bis unten. Für eine Weile verbarg schwarzer Rauch die brennenden Räume, dann lohten wilde rote Flammen auf und zerstörten bald das prächtige Bauwerk; nur Haufen verbrannter Trümmer blieben von der Burg Jünkerath und ihren wilden Zechern. Die Legende fügt hinzu: «Was Gott so offensichtlich bestraft und zerstört hat,wagt seitdem niemand wieder aufzubauen.« Die Ruinen bleiben; sie schweigen, aber sie sprechen eine deutliche Sprache.

Als nächstes kamen wir nach Hillesheim, die kleine Stadt soll nach der Kaiserin Helena genannt sein, der Mutter Konstantins des Großen, und liegt ein wenig vom Bahnhof entfernt. Hier scheint die Vulkaneifel zu beginnen, und man sagte uns, Hillesheim sei eine besonders heilkräftige Sommerfrische. Es wird »das Nizza der Eifel« genannt. Große Wälder umgeben es, und in der Nähe liegt ein mächtiger, vulkanischer Hügel, die »Kyller Höhe«, mit einem kleinen ausgetrockneten See; von oben hat man eine gute Sicht über die Vulkaneifel. Hinter Hillesheim wird die Landschaft mehr und mehr interessant, und die Kyll, zuerst ein winziger Strom, wird schnell breiter. Bald sahen wir rechts in der Höhe die malerischen Türme der Casselburg, (mehr als fünfzehnhundert Fuß über Meereshöhe), geschützt durch den benachbarten Buchenwald; links lag das Dorf Pelm. Nach wenigen Minuten erreichten wir unter den unheimlichen Klippen der Munterley den malerischen Bahnhof von Gerolstein, wo wir unsere erste Rast machen wollten.

Dieser Nachmittag ist uns unvergeßlich; es war kurz vor vier Uhr, die Hitze war stark, und da der Sonnenschein auf die ungeschützte Straße niederbrannte, waren wir bestürzt, als der Stationsvorsteher uns erzählte , daß wir - da wir keinen Wagen bestellt hatten - zu Fuß zu unserem Hotel laufen mußten.

Der braungebrannte Träger grinste. »Es ist nicht weit« sagte er ermutigend; schnell lud er unser Gepäck auf seinen schweren Handwagen und ging vor uns her.

Zuerst war die Straße eben, und bald kamen wir zu einer Pappelallee und einer Brücke über die Kyll, an der wir bisher entlang gegangen waren. Von der Brücke aus hatten wir eine sehr malerische Ansicht von Gerolstein, das steil den Hügel über der Kyll emporstieg; aber als der Träger auf unser Hotel zeigte, murrten wir, denn das Posthotel lag fast auf der höchsten Stelle. Hinter dem Bergvorsprung, auf den die Stadt gebaut ist, konnten wir weiter oben den Schloßberg mit der Burgruine sehen.

Wir drehten uns um und begannen langsam die steile Straße von Gerolstein emporzuklimmen. Rechts sahen wir malerische Hütten, vor ihnen lagen Reisigbündel und große Misthaufen; zu unserer Linken stand eine Hecke, aus der hier und da Bäume aufragten, und zwischen ihnen sahen wir die festungsartigen Klippen der Munterlei; noch weiter hinten zur Linken lag der fantastische Fels des Auberg, gekrönt von einer Fahnenstange; davor öffnete sich eine weite Landschaft, und am Fuße des Auberg eine grüne Masse; das war, wie wir erfuhren, die berühmte Linde, der altertümliche Lindenbaum von Gerolstein.

Wir sahen verschiedene, malerische Karren, jeder gezogen von einem Paar Ochsen unter dem Joch; sie hatten die Farbe des Jersey-Rindes und sanfte, große, braune Augen. Die Karren sahen zerbrechlich aus, waren aber offenbar stark genug, schwere Lasten von Steinen oder Holz zu tragen; wir sahen auch Kühe als Lasttiere.

Nahe bei unserem Hotel stand ein offener Schuppen, wo ein Hufschmied einen Ochsen beschlug. Das Tier war an die Pfosten des Schuppens geschnallt, so daß es sich während des Beschlagens nicht bewegen konnte, trotzdem versuchte es zu entkommen, und der Schmied wurde ärgerlich, fluchte und gab dem armen Vieh mehrere schwere Schläge, um es zu beruhigen. Ehe wir Gerolstein verließen, hatten wir gelernt, das Klink-Klink der Ochsen-Hufeisen auf den Pflastersteinen der Straße zu lieben.

Die Straße sah malerisch und wunderlich aus, aber ebenso sehr schmutzig. Neben den zahlreichen Misthaufen fand

Der Hufschmied

man da Berge von gespaltenem Holz und Bündel von Stöcken, und viele Hähne und Hennen tummelten sich dazwischen.

Uns war das Posthotel empfohlen worden; wir fanden es erträglich sauber und die Leute höflich, aber ich glaube, wir hätten es im Hotel Heck bequemer gehabt. Allerdings ist die Lage der Post vorzuziehen. Die Schlafzimmer an der Rückseite des Hauses haben den Blick auf das reizende Kylltal.

Unsere Schlafzimmer erschienen uns sehr schlicht nach dem Komfort des Hotel Ernst in Köln, aber wir konnten uns nicht beklagen, weder über unser Essen noch über seine Zubereitung. Während unser Abendessen bereitet wurde, erkundeten wir die kleine, zerstreut liegende Stadt. Ihre einzige, steil ansteigende Straße erschien uns sehr malerisch und voll reizender Szenen, aber sie war entstellt durch die häufige und betonte Zurschaustellung von Misthaufen vor den altertümlichen Häuschen. Man sagt, daß die Größe des Misthaufens auf den Reichtum des Hüttenbewohners hinweist. Die Mitgift eines Mädchens besteht oft aus einer gewissen Menge dieses hochgelobten Stoffes, und ein Bewerber ist angenommen oder zurückgewiesen je nach der Größe seines Misthaufens, es scheint also, daß Mark Twains komisches kleines Drama aus dem Schwarzwald auf wahren Begebenheiten beruht.

Gerade vor unserem Hotel lag ein Kalvarienberg, mit hellgrünen, rundköpfigen Akazien rundherum. Trautchen, unsere runde und sehr originelle Aufwärterin, erzählte uns, daß wir, wenn wir der Straße folgten, bald Pelm erreichen würden, und dann etwa 12 Meilen weiter Daun. Dorthin führt die Eisenbahn von Andernach; sie ist neuerdings bis nach Gerolstein weitergebaut worden.

Am Ende des Städtchens kehrten wir um, und als wir das Posthotel wieder erreichten, schwenkten wir in einen schmalen Weg fast gegenüber, der uns zunächst zu der Kirche führte, und dann in einen hübschen Pfad durch die blühende Wiese links durch das Hügelland zu dem alten, in Trümmern liegenden Schloß der Grafen von Blankenheim und Manderscheid. Ehe wir den steilen Fahrweg verließen, bemerkten

Die Felsen von Munterlay und Auberg

wir kleine Quellen, die aus der Erde sprudelten, und an einer davon füllte gerade ein Kind aus der Hütte am Hügel den Eimer für seine Mutter, die offenbar gerade an der Haustür mit Waschen beschäftigt war. Aus der Art, wie das Wasser heraussprudelte, schlossen wir, daß es dasselbe war wie in den Quellen unten im Tal, wo das Gerolsteiner Wasser in verschiedenen Variationen gewerblich verarbeitet wird.

In den Schloßruinen ist wenig zu sehen; nur ein äußerer Mauerteil, ein Teil des Bergfrieds und ein paar andere Mauerreste; aber nach der starken Hitze unserer Reise fanden wir die Luft auf diesem hohen Punkt sehr erfrischend, und wir lagerten uns auf das Gras und genossen den schönen Blick über die umgebende Landschaft. Gegenüber hinter dem Kylltal sahen wir die großartigen Klippen der Munterlei und den burgartigen Auberg. Dieser letztere ist ein besonders malerischer Hügel, vor allem interessant für den Geologen. Alle Arten von Fossilien und sonderbaren Steinen kann man an seinem Fuß finden. Ein junger Bursche, einer der Hotelgäste, hatte verschiedene am Fuß dieses Hügels gefunden. Was uns ganz besonders beeindruckte, war die Fülle von Grün und Wildblumen in einem Gebiet, das so starken vulkanischen Ausbrüchen ausgesetzt gewesen war.

Nicht weit von dem in Trümmern liegenden Schloß steht ein sehr roh behauenes Kruzifix, und wir fanden heraus, daß sich daran eine eigenartige Überlieferung knüpfte.

Es scheint ein berühmter Wallfahrtsort gewesen zu sein, nicht nur für die Eifelbewohner. Die ganze Bevölkerung von Gerolstein zog einmal im Jahr in feierlicher Prozession dorthin.

Ein Graf von Gerolstein fühlte sich wohl sehr belästigt durch die Menge Menschen, die sich Jahr für Jahr so nah an dem mächtigen Schloß seiner Ahnen versammelte; er war ein Ungläubiger, und beim nächsten Jahrestag beschloß er, ein für allemal dem ein Ende zu machen, was er als einen närrischen Mummenschanz betrachtete.

Das alljährliche Fest war gekommen, der Priester, der die Messe las, stand am Fuß des Kreuzes, und die umgebenden Hänge waren in weiter Runde mit Gläubigen bedeckt, als plötzlich die Schloßtore weit aufsprangen und der Graf mit seiner Gemahlin hervortrat.

Sie hielt ihr einziges Kind auf dem Arm, den kleinen Erben von Gerolstein; dem edlen Paar folgte eine große Gruppe von Bewaffneten und Dienern, die zum Schloß gehörten. Der Graf hatte die Absicht, die Versammlung aufzulösen und sie für immer zu verbieten, aber ehe er nah genug war, um sein Vorhaben durchzuführen, wurde das Kind auf dem Arm seiner Mutter so unruhig, daß sie sich umwandte, um es der Wärterin zu übergeben, die hinter ihr ging. Dann geschah etwas Wunderbares. Das Kind strebte auf die Erde und lief schnell über das Gras zum Kruzifix; der Kleine kniete nieder und streckte seine Ärmchen dem Priester entgegen, der auf den Stufen des Kreuzes stand, als ob er seinen Segen erbitten wollte. Die Legende sagt, daß dem hartherzigen Grafen das Gewissen schlug; er betrachtete das Ereignis als ein Wunder, bereute seine bösen Absichten vor allem gegen seine Vasallen, die Männer und Frauen von Gerolstein, und wurde ein viel barmherzigerer Lehnsherr als bisher.

Wir hatten uns vorgenommen, am nächsten Morgen zur Casselburg zu gehen, die ungefähr zwei Meilen nördlich von

Gerolstein liegt. Wir fragten nach einem Wagen; nach einiger Verzögerung erklärte uns Trautchen, daß kein Wagen zu bekommen sei, weil alle Pferde bei den Erntearbeiten eingesetzt waren. Kein Pferd konnte an diesem Tag in Gerolstein gemietet werden. Als wir diese Nachricht erhielten, war der Morgenzug nach Pelm bereits abgefahren, und weil eine von uns nicht kräftig genug war, Hin- und Rückweg zu Fuß zu gehen, glaubten wir schon, daß wir den Ausflug aufgeben müßten. Es war sehr enttäuschend, denn das Wetter war wunderbar.

Während unsere stattliche, höfliche Wirtin ihr Bedauern aussprach, und das hübsche rothaarige Trautchen wortreich wiederholte, daß man heute auf keine Wagenfahrt hoffen durfte, bemerkten wir, daß das dicke, unordentliche Mädchen, das manchmal im Haushalt aushalf, manchmal bei Tisch bediente und auch schon einmal die Kühe auf die Weide trieb, uns eifrig zuhörte; es kam uns vor, als ob sie gelegentlich zu sprechen versuchte, aber Trautchens Redestrom erstickte jedes andere Wort. Plötzlich hörten wir mitten in unserer Bestürzung das Rasseln von Rädern und den kräftigen Ruf des Postboten.

»Da ist die Postkutsche!« riefen wir. »Die wird uns nach Pelm bringen.«

Die freundliche Kuhhirtin grinste von Ohr zu Ohr und nickte, so stark sie konnte. Triumphierend blickte sie auf Trautchen, die sie gewöhnlich als Lasttier behandelte.

»Ja, oh ja, da ist die Postkutsche«, rief sie aus. «Ich habe die ganze Zeit versucht, es zu sagen. Der Postmann wird die Lady und den Gentleman mitnehmen; ja, er wird es sehr gern tun.«

Krack, krack, krack - und die Postkutsche fuhr wieder ab und rasselte über die Steine.

Wir schrien: »Halt! Halt!«

Da rannte die Kuhhirtin, die wir bisher als ein albernes Ding angesehen hatten, laut rufend die Straße hinauf, bis sich ein Trüppchen Helfer um sie geschart hatte; sie brachte die Kutsche siegreich zurück. Kaum eine Minute später rasselten wir

Gerolstein

schnell die Straße nach Pelm entlang, während der fröhliche Postillion sein Pferdchen tüchtig peitschte, um die verlorene Zeit wieder aufzuholen.

Wir flogen fast vorbei an unserem Zeichner, der ganz erstaunt aufblickte, als er gerade die Rinder-Hufschmiede abzeichnete. Als wir die letzten Häuser der Stadt hinter uns gelassen hatten, blickten wir zurück und hatten einen lieblichen Anblick von Gerolstein, steil ansteigend über dem Kylltal, mit dem Hintergrund von fantastischen Klippen, und zur Rechten der Straße den hochragenden, ruinengekrönten Hügel.

Bald erreichten wir Pelm, ein altertümliches Örtchen, mit sogar noch mehr Misthaufen als Gerolstein.

Wir hatten erwartet, daß wir im Dorf aussteigen müßten,

aber unser freundlicher Postmann, der uns trotz seines schnellen Fahrens nützliche Hinweise über das Gebiet gegeben hatte, fuhr uns über die Brücke, die die Kyll überquert, bis zum Fuß der Casselburg.

Wir fingen an, die steile Bergstraße zu den Ruinen emporzuklimmen, trotz des starken Sonnenscheins genossen wir den Gang und die köstliche Frische der Luft. Wir waren uns einig, daß wir, hätten wir nur Zeit zu verweilen, ein paar Tage auf der Casselburg verbringen würden. Die Burgruinen gaben ein malerisches Bild, als wir die Höhe erreichten, und der Blick über diesen Teil der Eifel war sehr schön.

Zuerst gingen wir zum Försterhaus, um den Schlüssel zu den Ruinen zu erlangen, die jetzt dem Staat gehören und von einem der kaiserlichen Förster betreut werden: der Wald um die Ruinen ist durch einen Zaun eingeschlossen.

Die Förstersfrau, eine angenehme, fröhliche Frau, erzählte uns, daß sie Gäste aufnimmt. Zur Zeit hatte sie keinen Platz zu vermieten, da sie sieben Engländer im Hause hatte. Sie zeigte uns ihre Gastzimmer, zwei sehr große und zwei kleinere Schlafzimmer; im Erdgeschoß hatte sie zwei Wohnräume, die hintereinander lagen.

Unsere Kletterei im Sonnenschein hatte uns sehr durstig gemacht, und wir bestellten Milch und Gerolsteiner Wasser; während wir tranken, bemerkten wir, daß auch ein anderer Reisender sich erfrischte. Die Förstersfrau zeigte auf diesen runden, hellhäutigen Herrn, als wir nach dem Ruinenschlüssel fragten.

»Ich habe ihn dem Herrn gegeben,« sagte sie; «wenn Sie wollen, können Sie alle zusammen gehen.«

Daraufhin erhob sich unser Mitreisender und stolzierte wortlos aus dem Zimmer; er ging voraus zum Zaun, ohne ein Zeichen dafür, daß er unser Mitkommen bemerkte. Während er das Tor aufschloß, fragte ich ihn, ob er Französisch oder Englisch spreche.

Daraufhin drehte er sich langsam halb um.

»Ich bin nicht, wie Sie vermuten, ein Deutscher,« sagte er sehr nachdrücklich über seine Schulter. «Ich gehöre zu einem ganz anderen Land, allerdings einem kleinen; so klein, daß seine Einwohner, wenn sie etwas von der Welt sehen wollen, reisen müssen, und daß sie fremde Sprachen beherrschen müssen, um von Fremden Informationen zu erhalten. Aus diesem Grund sprechen meine Landsleute und ich viele Sprachen. Ich spreche Französisch und Englisch ebenso wie Deutsch, aber ich bin ein Holländer.«

Dies wurde gewichtig, in mangelhaftem Französisch und und einem Akzent, der viel zu wünschen übrig ließ, geäußert. Am Ende dieser Rede drehte sich der Holländer um, sah uns scharf an und fügte in sehr überlegenem Ton hinzu: »Ich bin Professor der Philologie an der Universität zu ... Folgen Sie mir.«

In scheinbarer Unterwürfigkeit gingen wir hinter ihm her. Wir hätten gern gelacht, aber wir taten es nicht: wir sprachen mit unterdrückter Stimme miteinander; aber als sich der Pfad wendete und wir die Rückseite dessen erreichten, das einmal eine sehr mächtige Festung gewesen sein mußte, waren wir begeistert von der Schönheit dieses Platzes; wir vergaßen unseren selbsternannten Führer und unsere angenommene Demut und brachen in laute und herzliche Bewunderung aus. Der Eingang zur Burg ist eben; aber weiter hinten fällt der Grund steil unter den zerstörten Mauern ab und bildet eine liebliche, bewaldete Schlucht, mit moosbewachsenen Felsblöcken und riesigen Trümmern der grauen Burg, die zwischen den Stämmen der hohen Buchen verstreut liegen; unser Weg war überwuchert mit Wildblumen, die hier so üppig wie in Gerolstein wuchsen. Wenn wir allein gewesen wären, hätten wir sofort die Burgruinen betreten, anstatt zuerst diesen Rundgang zu machen und so unseren Zugang durch ihre liebliche Umgebung zu finden; so verdanken wir alles in allem dem berühmten PhilologieProfessor einen reizenden Spaziergang. Er ging in großartiger, unerschütterlicher Schweigsamkeit weiter, bis wir eine Bank erreichten; dann sprach er, mit einem eindrucksvollen Winken seiner fetten, rosa Hand über uns und die Bank:

»Hier wollen wir ausruhen; hier ist Platz.«

Während wir ruhten, wurde er etwas zugänglicher; er erzählte uns, wo er gewesen war und wo er hinreisen wollte, aber er wünschte von uns keine Erwiderung; offenbar betrachtete er uns als ein paar neuer Schüler, denen er soviele Informationen wie in kurzer Zeit möglich zu vermitteln hatte. Wir versuchten, eine Frage über die Ruinen zu stellen, aber er konnte uns nicht helfen; er wußte nicht mehr darüber als wir. Er sagte ganz gleichmütig: «Es ist sehr heiß, ich glaube es bleibt so.« Er erzählte uns, er sei zur Besichtigung der Casselburg gekommen, weil die Ruinen in seinem Reiseführer, Baedecker, genannt waren; er stieg sogar auf die Spitze des Turmes, um die Aussicht zu bewundern - eine sehr große Huldigung für seinen Baedecker, da der Tag so warm war und er so dick. Mein Begleiter stieg auf die Spitze des größten Turmes, hundertvierundsechzig Fuß hoch; auf halber Höhe ist ein Treppenabsatz, und aus den kleinen Fensterluken in den massiven Mauern hatte er interessante Durchblicke auf die Umgebung. Auf der Turmspitze ist ebenfalls eine Plattform, und von hier ist die Ausicht sehr gut und weit.

In den Ruinen fanden wir noch einige Räume; einer davon, das Frauengemach, ist rund gebaut und muß ein angenehmer Wohnraum gewesen sein, mit hübschen Ausblicken aus den Fenstern, die Decke ist noch fast fehlerlos. Als wir heraustraten, bemerkten wir eine Wandtafel mit den Namen derjenigen Grafen von Blankenheim und Manderscheid, die zu ihrer Zeit Herren der Casselburg gewesen waren. Ihr erster Eigentümer schien eine Art Raubritter gewesen zu sein, der ringsum das Land brandschatzte und in dauerndem Kriegszustand lebte; er gab dem Platz den Namen Casselburg. Der Graf von Blankenheim kam im 12. Jahrhundert in den Besitz der Festung, wahrscheinlich vergrößerte er sie, und sie muß ein großartiger Bau gewesen sein. Die Grafen von Manderscheid folgten den Grafen von Blankenheim, und der letzte Graf verkaufte die Burg im 18. Jahrhundert an den Landesherrn. Ihre Lage ebenso wie die Stärke ihrer Befestigungen müssen sie zu einer sehr mächtigen Festung gemacht haben. Ihre adligen Wegelagerer konnten das Tal hinunterbrechen und dem Handelsverkehr auf der Verbindungsstraße zwischen Daun und Gerolstein wirksam ein Ende setzen.

Wir verließen den Holländer, während er im Turm seine Pfeife rauchte, und kehrten zu dem schmackhaften Mittagessen zurück, das uns die Förstersfrau bereitet hatte.

Auf unsere Erkundigung hin sagte sie, daß wir Unterkunft und Verpflegung (zwei große Schlafzimmer und ein Wohnzimmer) für je vier Mark pro Tag haben konnten. Bei einer so sauberen und angenehmen Wirtin mußte dies ein reizender und gesunder Ruheplatz für einige Wochen sein. Ehe wir weggingen, trafen wir noch den Förster Henn, einen hübschen Mann mit angenehmen Manieren, der auf seiner Mütze den kaiserlichen Adler trug. Seine niedliche, blonde, zehnjährige Tochter bediente uns sehr geschickt; sie schlug beiden Eltern in ihrer Schönheit nach und hatte ihrer Mutter süße, freundliche Augen. Als das Essen vorbei war, bot sie uns ernsthaft Adieu; sie sagte, daß sie ihre kleinen Brüder zur Schule bringen müsse.

Ungefähr eine Stunde Fußweg nordwestlich der Casselburg liegt die berühmte Eishöhle, nahe dem altertümlichen Dorf Roth. In den heißesten Sommertagen wird in der Höhle Eis gefunden; eine alte Sage versichert, daß das Eis im Sommer dicker ist als im Winter, aber den Tatsachen hält diese Behauptung nicht stand. Die Höhle erweitert sich nach dem engen Eingang, und ihre Decke und Wände und Fußboden sind dick mit Eis überkrustet; im Winter sollen die Eiszapfen an der Decke mehr als einen Fuß lang sein, aber die nahe dem Höhleneingang schmelzen in warmem Wetter. Die Höhle selbst ist vierzehn bis sechzehn Fuß tief; es scheint, dass das Rother Eis berühmt ist und im siebzehnten Jahrhundert dauernd auf der Tafel des Kurfürsten von Köln zu finden war.

Wir verließen Casselburg mit Bedauern; nachmittags machten wir uns auf den Weg über weite Blumenwiesen zur Papenkaule, die gerade über Gerolstein liegt. Der Tag war voller strahlendem Sonnenschein, mit erfrischendem Wind von den Hügeln; wir wanderten über einen Blumenteppich. Auf allen Seiten konnten wir das Land überschauen und sahen viele Hügel, deren Namen wir damals noch nicht kannten, denn wir waren höher als Gerolstein, und das liegt dreizehnhundert Fuß über Meereshöhe.

Wieder überlegten wir, wie herrlich es wäre, unsere Unterkunft in der Post gegen die im Försterhaus in der köstlichen Bergluft und nahe bei den schönen Ruinen zu vertauschen: aber Frau Henn hatte uns gesagt, daß man ihre Unterkunft immer einige Wochen im Voraus bestellen mußte, da sie so viele Nachfragen hatte.

Leicht fanden wir den Weg zur Papenkaule und zur Hagenskaul. Der Krater dieses Vulkans ist eng, aber Lava ist aus ihm übergeflossen. Die Ablagerungen von Kalk und die Felsen rund herum sollen fossilienreich sein für die, die Zeit zum Suchen haben. Da, wo die Schlacke verstreut ist, und seitwärts, wo der Lavastrom den Hügel hinunterreicht, ist das Gras verkümmert und die Blumen verschwinden, aber in dem grauen Staub darunter scheinen sie besonders zu gedeihen. Es ist wirklich großartig, zu sehen, wie wenig die allgemeine Fruchtbarkeit dieses Landes durch die zahlreichen Krateröffnungen und Lavaströme beeinträchtigt ist.

Auf der wilden Heide verstreut - denn wir stiegen nun an der Seite der felsigen Munterlei hinunter - sahen wir riesige, schwarze Steine, jeder mit einem blutroten Pfeil gekennzeichnet, die alle in eine Richtung zeigten: dies war zum Buchenloch, einer Tropfsteinhöhle, die Coprolithen enthalten sollte. Aber zumindest ich war zu ermüdet, um erneut hinaufzuklimmen, und die Schönheit des Weges, als wir nach Gerolstein und ins Kylltal hinunter kamen, war zu verlockend gegenüber der Tropfsteinhöhle, denn die Aussicht von diesem Weg war wirklich die beste, die wir von der hügelumgürteten Stadt und ihrer Umgebung gehabt hatten.

Ehe wir die Brücke nach Gerolstein überquerten, kamen wir an der berühmten Linde vorbei, auf die die Gerolsteiner mit Recht so stolz sind; sie prägt die Landschaft, wenn man gegen die Auburg blickt. Der mächtige Baum steht in einer Art Teegarten und ist offensichtlich ein beliebtes Sommer-Ausflugsziel; der Durchmesser seiner weit ausreichenden Äste ist weit über hundert Fuß groß, der Umfang seines uralten moosbewachsenen Stammes ist enorm.

Man erzählte uns von vielen, reizenden Spaziergängen in der Umgebung von Gerolstein. Ein Ausflug von ungefähr dreiviertel Stunden bringt uns zur Dietzenlei, einer rauhen Felsklippe aus basaltischer Lava, die ungefähr achthundert Fuß über Meereshöhe ihren Weg durch ein Buntsandsteinplateau gebrochen hat. Der Blick von diesem Gipfel ist so abwechslungsreich wie bemerkenswert; für den Geologen muß er besonders interessant sein, denn außer den vielen, blauen Hügeln, den großartigen Wäldern und tiefen Tälern bietet er so viele unheimliche, sonderbar geformte Hügel, die in früherer Zeit feurige Lavaströme in diese nun so friedlichen Täler ergossen haben. Die Landschaft um Gerolstein ist für einen Geologen vielleicht ebenso interessant wie jeder andere Teil der Vordereifel; Augit und Feldspat sind zwischen Munterlei und Auburg zu finden.

Für uns allerdings war die Fahrt durch das liebliche und immer wechselnde Kylltal wohl der fesselndste Ausflug. Wir fuhren an Lissingen mit seinem malerischen alten Schloß vorbei, dann an Birresborn mit seiner Mineralwasser-Gewinnung, und dann ging es weiter neben dem Fluß zur Burgruine von Mürlenbach. Die Straße hatte viele Biegungen und brachte ununterbrochen neue Anblicke von Vulkanhügeln; der Zanderberg, der Dachsberg, die Kalmsburg und andere, deren Namen wir nicht alle behalten konnten, wurden uns von unserem Kutscher gezeigt. Neben uns wucherten die Blumen bis ganz ans Wasser hinunter, und dieses, bald im Sonnenschein glitzernd, bald ab und an von einer Wolke überschattet, die eine noch schönere Wirkung auf dem Grün der Abhänge hervorrief, bildete immer neue entzückende Bilder.

Schließlich kamen wir in Sicht der roten Sandsteinruinen von Mürlenbach, hoch über dem malerischen Dorf, das ganz nah am Fluß kauert.

Wegen des steilen Aufstieges zur Burg muß der Weg viele Windungen machen, und als wir oben ankamen, war in den Ruinen, die den Burghof umgaben, nicht viel zu sehen;

sie sind vor allem ihres Alters wegen interessant; einer von uns kletterte die verfallene Treppe bis zur Spitze des Turms hinauf, er sagte, der Rundblick sei sehenswert. Die Burg von Mürlenbach wurde von der merowingischen Fürstin Bertrada im achten Jahrhundert gegründet; Bertrada gründete auch die Abtei von Prüm in der Westeifel. Die Burg von Mürlenbach scheint die Sommerresidenz der Äbte von Prüm gewesen zu sein. Im sechzehnten Jahrhundert hat der vierundvierzigste Abt Graf Wilhelm von Manderscheid die Burg neu aufgebaut und stark befestigt. Jetzt wird der Burghof hauptsächlich für Bauernarbeit genutzt, er kann sich sogar einer kleinen Bierschenke rühmen.

Nach Gerolstein zurück benutzten wir den gleichen Weg. Unser Kutscher sagte, dies sei unvermeidlich, der Hügelkette wegen; und tatsächlich zeigten die Bergflanken neben dem reizend blumengesäumten Fluß keine Spur einer Straße querüber. Es war eine ganz und gar erfreuliche Fahrt, und sie gab uns von der Schönheit des Kylltales um Gerolstein einen ausgezeichneten Eindruck. Es ist ungewöhnlich, in einem so begrenzten Gebiet so viel Schönes und auch Interessantes beieinander anzutreffen; zusammen mit der stärkenden, gesunden Atmosphäre macht es Gerolstein einzigartig anziehend. Ihm fehlt nur ein gutes Hotel und ein bißchen weniger von dem, was Mark Twain »fertiliser« nennt, in seiner Hauptstraße.

Die eindrucksvolle Abteikirche von Prüm ist einen Besuch wert. Sie liegt an der Eisenbahnstrecke von Gerolstein nach St. Vith und von dort nur fünfzehn Meilen entfernt. Der deutsche Kaiser Lothar zog sich in der Mitte des neunten Jahrhunderts hierher zurück und beschenkte das Kloster reichlich, das vorher schon von Pipin und Karl dem Großen reich bedacht worden war. Es scheint aber wie andere Kirchengüter bei den Normannen-Raubzügen im neunten Jahrhundert gelitten zu haben. Es gibt eine fesselnde Legende um den Rückzug des deutschen Kaisers Lothar ins Kloster.

Der Mönch von Prüm

N a summer evening of the year eigth hundred and fifty-five, two horsemen, muffled in dark cloaks, stopped before the entrance-door of the great Abbey of Prüm.

An einem Sommerabend des Jahres achthundertfünfundfünfzig hielten zwei Reiter in dunklen Mänteln vor dem Eingangstor der großen Abtei von Prüm. Einer von ihnen schwang sich aus dem Sattel und trat ehrfurchtsvoll neben seinen Gefährten, während er ihm beim Absteigen half.

Es war kaum sieben Uhr, aber die Besucher mußten lang und laut klopfen, bis der Klosterpförtner die Tür öffnete und nach ihrem Begehren fragte.

»Wir möchten sofort den verehrungswürdigen Herrn Abt sprechen.«

Dies sagte der obere der beiden Reiter.

Der Pförtner betrachtete die beiden dicht verhüllten Besucher mißtrauisch, dann sagte er brummig:

»So, aber ihr könnt nicht sofort den Herrn Abt sehen; außerdem müßt ihr mir eure Namen und das Anliegen, das euch herbringt, mitteilen.«

»Der Abt wird beides von mir erfahren.«

Der Begleiter des Sprechers hatte bereits Zeichen von hochmütiger Ungeduld bei des Pförtners Antwort gezeigt, und als der Mann nun neue Einwände dagegen erhob, die Fremden hereinzulassen, gab er ihm einen heftigen Stoß, der ihn gegen die Wand warf.

»Nörgler,« sagte er ärgerlich, «ich befehle dir, meines Herrn Befehl zu gehorchen; und schnell, oder mein Schwert soll dich Gehorsam lehren.«

Er zog, als er sprach, sein Schwert unter dem Mantel hervor.

»Geduld, Graf Landoff.« Die Stimme seines Begleiters war leise und warnend.

»Wie kann ich geduldig sein, mein König, wenn ich sehe, wie dieser elende Mönch Eure Befehle mißachtet?«

Der Anblick des gezognen Schwertes war zuviel für den Starrsinn des Pförtners; er sagte mürrisch: «Ihr könnt mir folgen.« Er öffnete das Tor, schloß es hinter seinen verhüllten Besuchern und ging vor ihnen her in des Fürstabts Gemächer.

Er blieb an der Eingangstür stehen und flüsterte mit einem Mönch, der davor stand; der Mönch ging hinein und verschwand hinter einem Vorhang, der den Innenraum abschirmte.

Alsbald kam der Mönch zurück.

»Tretet ein,« sagte er. «Der Fürstabt wird Euch empfangen.«

Aber nur einer der Fremden befolgte diese Aufforderung. Graf Landoff blieb draußen.

Der Abt saß in einem inneren Gemach vor einem mit Manuskripten beladenen Tisch: er sah auf, als der Fremde, bis zu den Augen in seinen Mantel gehüllt, vor ihm stand.

Als der Mönch das Gemach verließ, sagte der Fremde:

»Sind wir vor Lauschern sicher, Herr Abt?«

»Wenn Ihr mir ein Geheimnis anvertrauen wollt, solltet Ihr lieber leiser sprechen,« antwortete der Abt ausweichend.

Die Augen des Fremden durchforschten den Raum.

»Wenn irgendeiner hier versteckt ist, um über Eure Sicherheit zu wachen, könnt Ihr ihn entlassen. Ihr habt nichts zu fürchten.«

Er schlug Hut und Mantel beiseite und stand vor dem erstaunten Abt, ein schlanker, blasser Mann mit blutunterlaufenen Augen und einem Leidenszug, der ihm vorzeitig das Aussehen eines verfallenen, alten Mannes gab.

Der Abt stand schnell auf, er starrte seinen Gast an, als sähe er einen Geist.

»Mein Herr, der Kaiser!« stammelte er.

Der Kaiser neigte sein Haupt, dann glitt ein blasses Lächeln über seine eingefallenen Wangen.

»Ja, der, den man den Kaiser Lothar nennt, der Kaiser, den sie vom Thron gestoßen haben, er kommt zu Euch, Herr Abt, als ein

Büßer; er erbittet Zutritt zu dem Frieden, der in diesen heiligen Mauern wohnt.«

»Verzeiht, Majestät, kann das möglich sein? Was ist geschehen, und wer kann Eure Majestät vom Thron vertrieben haben?«

Der Abt zitterte vor Erregung; er sah im Auge des Kaisers ein eigenartiges Glitzern.

»Du fragst, wer das getan hat?« rief er mit schriller Stimme, die des Abtes Bestürzung steigerte.

»Meine eigenen Taten haben das bewirkt; die Geister derer, die ich betrogen, verraten, gemordet habe; die rächenden Seelen der anderen, die ich zu Verrat und Sünde verführt habe - sie haben es bewirkt. Ich habe die Krone von meinem Haupt getan und den kaiserlichen Purpur von meinen Schultern, um der Qual ihrer Vorwürfe zu entkommen, aber es ist nutzlos. Tag und Nacht leben meine Übeltaten in mir; meines Vaters trauriger Blick durchbohrt mein Herz wie ein feuriger Dolch; meine Brüder, die ich verführte, bis auch sie zu Verrätern wurden - und alle - alle die anderen ...- Oh mein Gott, es ist mehr als ich ertragen kann, rette mich vor ihnen, rette mich!«

Der unglückselige Mann warf sich verzweifelt dem entsetzten Abt zu Füßen.

»Beruhigt Euch, Herr; kniet vor Gott, nicht vor mir,« sagte er mit zitternder Stimme. «Für jeden ist Hoffnung; wenn Ihr ernstlich die Sünden bereut, die Ihr begangen habt, so wird Euch vergeben.«

»Nein,« rief Lothar, «das ist nicht möglich. Was sagt Ihr? Vergebung dafür, daß ich die Krone an mich riß? Vergebung für die Schmach und Schande, in die ich meinen Vater brachte, da ich ihn zwang, meine Sünde auf seine Seele zu nehmen –«

Der Abt hob die Hand; er hatte seine Selbstbeherrschung wiedergefunden.

»Herr, Ihr sollt nicht an Gottes Gnade verzweifeln. Er hat all Eure Sünden gesehen. Er hört nun Euren Jammer. Er weiß, daß verbrecherischer Ehrgeiz Euch zur Sünde verführt hat, aber jetzt, wenn Ihr Euch vor Ihm demütigt, wird Er Euch vergeben, Er –«

Lothar unterbrach ihn.

»Aber ich kann mir selbst nicht vergeben. Nie entrinne ich den schrecklichen Gespenstern, die mich Tag und Nach umgeben und mich quälen.«

»Wir werden Mittel finden, sie auszutreiben, Herr, und Ihr werdet Frieden finden.«

»Ja ja,« rief Lothar, »gebt mir Friede und Ruhe bei Euch; nehmt mich in Eure Herde als den niedrigsten und schlechtesten Eurer Mönche; legt mir die schwersten Bußen auf, ich will sie ertragen und Euch segnen: alles, was ich noch von weltlichen Gütern besitze, soll Eurer Abtei gestiftet werden.«

Graf Landoff verließ am anderen Morgen in düsteren Sinnen die Abtei, er war überredet worden, ohne seinen Herrn davonzugehen; denn dieser Herr, sein Kaiser, den er bis jetzt als den mächtigsten aller Herrscher angesehen hatte, war ein armer Mönch geworden, zerstört an Körper und Seele.

Frieden konnte Lothar nicht erlangen. Die schrecklichen Erinnerungen wollten ihn nicht loslassen; sie waren so lebendig wie immer, und die Qual, die sie ihm dauernd bereiteten, streckte ihn bald auf das Totenbett.

Sein Leichnam lag drei Tage und drei Nächte vor dem Hochaltar, von brennenden Kerzen umgeben und von Wolken Weihrauch und Psalmengesang. Am dritten Tag wurde sein Körper vor dem Altar in sein Grab gesenkt; der Abt vertraute darauf, daß sein Geist schließlich Ruhe finden würde vor seinen gespenstigen Quälern.

Um Mitternacht, als Dunkelheit und Stille die Kirche füllte, begann vor dem Altar eine geheimnisvolle Bewegung. Der schwere Stein über dem Grab des Kaisers hob sich, schreckliche Seufzer und lautes Stöhnen drangen aus der Gruft, und er, der gerade erst dort zur Ruhe gelegt worden war, erhob sich langsam und sank auf den Altarstufen in die Knie. Ein bitterer Schrei entrang sich ihm.

»Ist selbst im Grabe kein Vergessen? Gnade, Gnade, oh mein Gott!«

»Gnade! Gnade!« klang ein höhnenden Echo. «Verdienst Du Gnade, während wir an Deiner Stelle leiden? Wir leiden des Goldes wegen, mit dem Du uns bestochen hast, damit wir unsererm kaiserlichen Herrn, Deinem Vater, die Treue brachen.«

»Gnade für Dich?« klang ein anderes Echo; «Du, der Du Deine Abstammung von Karl dem Großen so hoch schätztest, Du wurdest zum Feigling auf dem Schlachtfeld, denn Du wußtest, daß der Gott der Schlachten den Thronräuber und Verräter seines Vaters nicht

begünstigen würde; und Du suchtest Abhilfe in Bestechung und Verrat, Gnade für Dich - den schlechtesten von Ludwigs Söhnen! Verbrechen und Ehrlosigkeit erfüllten Dein Leben, was Du Gutes tatest, geschah gezwungen oder aus Berechnung. Die Krone auf Deinem Haupt ist entehrt, und das Geschlecht, dem ein Lothar entstammt, muß aussterben... Sei gewarnt.«

Lothars Leichnam war auf dem harten Stein ausgestreckt, während eine lange Prozession von Geistern, inmitten von ihnen sein Vater, ihn umkreiste.

Mehr als tausend Jahre sind seit des Kaisers Begräbnis vergangen, aber die Überlieferung sagt, daß bis zu diesem Tag die Schreie und Seufzer von Lothars unglücklichem Geist von einem aufmerksamen Lauscher gehört werden können - zwischen Mitternacht und dem ersten Hahnenschrei, neben dem Chor in der Abteikirche zu Prüm.

Die Kyll ist wirklich ein fröhlicher, lebhafter Fluß, sie wirbelt und gurgelt und blinkt im Sonnenschein ganz lustig – wir meinten, sie sähe ganz nach Forellen oder Weißfischen aus. Man hatte uns geraten, wegen Angelgelegenheit in unserem Hotel nachzufragen, aber als wir Trautchen fragten, meinte sie, daß der Fluß nach Gerolstein streng gesperrt sei, daß man jedoch Angelerlaubnis für drei Mark pro Tag erhalten könne. Dies schien uns doch eine zu hohe Forderung, ehe wir überhaupt wußten, wie ertragreich das Angeln sein würde.

Einer von uns, ich will ihn unseren Angler nennen, hatte Rute und Ausrüstung mitgebracht und wollte doch gern seinen Sport ausüben, allerdings zu maßvollen Preisen. Wir beschlossen daher, den Bürgermeister deswegen zu befragen. Wir fanden ihn jung, barsch und scheu, als ein Schreiber uns zu ihm brachte, als ob wir ein paar Missetäter wären, die zum Verhör gebracht würden. Der Bürgermeister sprach nur ein paar Worte Englisch und kaum etwas Französisch; zu verstehen schien er beides nicht; und da unser Deutsch recht holprig war, kamen wir zuerst nicht gut voran. Als er schließlich verstanden hatte, worum es uns ging, war er erleichtert. Es kam mir vor, als ob er zuerst gefürchtet hätte, wir kämen in Staatsaffären, er war so unterwürfig gewesen.

»Nein,« sagte er, «ich kann das Fischen in der Kyll nicht erlauben, aber ein Freund von mir in Lissingen kann Ihnen alles darüber sagen.« Er schrieb uns freundlich Namen und Anschrift seines Freundes auf.

Der Fischer von uns dreien soll nun selbst erzählen, wie er nach Lissingen wanderte und das Haus des Bürgermeister-Freundes fand.

Ich sah zuerst im inneren Flur eine große Frau, aber sie sprach nur Deutsch; gleich kam eine andere Frau, sie sprach Französisch und sagte, daß ihr Bruder in seinem Gerbhof am Ufer der Kyll beschäftigt sei. Sie empfahl mir, selbst hinzugehen, ihn zu finden und zu erklären, was ich wollte; sie fügte hinzu, daß ihr Bruder fließend Französisch spreche.

Bald fand ich den Herrn bei der Aufsicht seiner Gerber. Sie legten sorgfältig Häute in ein viereckiges Loch und bedeckten sie mit Lohe.

Der Herr Gerber war ein sehr freundlicher und gefälliger Mann. Er erklärte mir bald, daß er zwar Fischrechte hatte, aber nicht in der Kyll; es war in einem Seitenstrom, der in die Kyll mündete.

»Es macht mir Vergnügen, Ihnen Erlaubnis zum Fischen zu geben,« sagte er auf Französisch, »aber der Gastwirt hier kann Ihnen Angelerlaubnis in der Kyll geben, und ich will mitkommen und die Sache mit ihm arrangieren helfen.«

Wir gingen zum Gasthaus, aber der Wirt war nicht da.

»Macht nichts,« sagte der gutmütige Gerber, «ich will alles für Sie in Ordnung bringen für morgen früh.«

Früh am anderen Morgen ging ich nach Lissingen, und der Herr Gerber zeigte mir seine Sammlung von Fliegen und künstlichen Ködern; dann gingen wir wieder ins Gasthaus, und wieder war der Wirt nicht da.

»So!« sagte mein Begleiter; «das macht nun nichts aus, ich selbst werde mit Ihnen gehen.« Und er nahm seine unbearbeitete Rute, die hinter seinem Haus stand. Die Rute war aus einem Bambusrohr gemacht, vielleicht vierzehn oder fünfzehn Fuß lang, sie hatte keine Winde, und am dicken Ende war eine Einkerbung, um den Haken zu befestigen.

Als wir nach Birresborn zu gingen, fanden wir, ein Stück den Fluß hinunter, auch den Wirt. Er war ein freundlicher, wettergebräunter, alter Bursche mit einer langen Pfeife. Es fing jetzt aber so ausdauernd an zu regnen, daß an Fischen nicht zu denken war. Der Herr erklärte, daß vor kurzem einige nichtsnutzige Jungen eine Menge Fische mit Sprengstoff getötet hätten. Er sagte aber auch, daß in einer guten Saison eine reichliche Menge Forellen und Weißfische in diesem Teil der Kyll zu finden wären. Im Winter ist auch der Hechtfang möglich.

Er versuchte es zuerst mit einen lebendigen Grashüpfer, aber ohne Erfolg, dann köderte er mit einem Devon-Köder und zog schnell eine kleine Forelle und dann einen winzigen Weißfisch heraus; aber es regnete nun in Strömen und machte dem Vergnügen ein Ende. Er erzählte mir, daß der Wirt keine Bezahlung für die Erlaubnis zu fischen nehme, er erwartete aber, jeden Fisch, der gefangen wurde, zu bekommen, oder der Angler konnte ihn zum Marktpreis kaufen. Dies scheint in Deutschland üblich zu sein; und es ist gebräuchlich, in dem Gasthaus als Entgelt für die Erlaubnis etwas zu verzehren.

Der Herr war ein stämmiger, kräftiger Mann in den besten Jahren; in jeder Beziehung war er sehr freundlich. Er hatte ein Anzahl junger Kinder; der Älteste war ein fröhlicher, kleiner Bursche; der Herr schien eine beachtliche Kenntnis von englischer Politik zu haben und war stark daran interessiert; insgesamt gab der Morgen einem eine sehr gute Meinung von deutscher Freundlichkeit gegenüber Fremden.

3. Kapitel

Daun - die Kraterseen

HE journey to Daun looked both beautiful and interesting as we drove along, but we had not bargained for a steady downpour of rain which constantly obscured our view of the country.

Die Reise nach Daun schien schön und interessant zu sein, als wir losfuhren, aber wir hatten nicht mit dem dauernden, strömenden Regen gerechnet, der ununterbrochen jeden Blick auf die Landschaft verschleierte. Es gibt wahrscheinlich mehr vulkanische Relikte zwischen Gerolstein und Daun als sonstwo auf so kleinem Raum in der Eifel. Die Entfernung zwischen beiden Plätzen ist auf der neuen Straße dreizehneinhalbe Meilen, aber die alte Straße über Kirchweiler verkürzt die Entfernung ungefähr um zwei Meilen. Wir erfuhren aber, daß diese Straße, wenn auch interessanter als die, die wir benutzten, für ein Fuhrwerk mit Gepäck zu schlecht war. Für Fußgänger ist sie allerdings vorzuziehen, und eine Dame und zwei Herren - Belgier - die wir in Gerolstein gesehen hatten, wanderten auf dieser Straße nach Daun und trugen etwas leichtes Gepäck mit sich.

Zum Anfang ist die Straße die gleiche, aber in Pelm bleibt der Fahrweg zunächst unten neben der Kyll, während der ältere Weg sofort nach Kirchweiler hochsteigt. Man sagte uns, daß von diesem Punkt aus zwei schöne Hügel - der Erresberg oder Erensberg und der Scharteberg - erklommen werden können; sie sind beide über zweitausend Fuß hoch, und beide sind erloschene Vulkane; bei beiden ist ein riesiger Lavastrom vom

Krater die Hügelseite hinuntergeflossen. Im Süden von Gerolstein ist noch eine andere Straße, sie führt über den Nerothskopf bei Neunkirchen nach Daun; aber diese ist nicht so leicht zu finden wie der Weg über Kirchweiler. Es gibt eine alte Legende über die Burgruine, die den alten Vulkanhügel Nerothskopf krönt.

Der Herr von Neroth, Kuno von Steinborn, war von seinem wilden Nachbarn, dem Graf von Blankenheim, so verfolgt worden, daß ihm zuletzt nur noch seine starke Burg, die Neroburg, blieb; bald nach seiner letzten Niederlage durch seinen schonungslosen Verfolger zog sich Graf Steinborn zu seinem einzig sicheren Platz zurück und starb dort. Er vertraute seine kleine, sechs Jahre alte Tochter seinem Sohn Kuno an, einem starken, gutgewachsenen Jüngling von achtzehn Jahren.

Kuno stand neben seines Vaters Leichnam und schwor, an dem Grafen von Blankenheim Rache zu nehmen, der ihm den größten Teil seines Erbes geraubt und der den Tod seines Vaters und dadurch auch seiner Mutter verursacht hatte durch den dauernden Krieg, den er gegen ihn geführt hatte. Aber Kuno fragte sich, was er denn tun könnte.

Er beschloß, sich einen berühmten Namen zu machen; sobald er Ruhm und Geld erworben hätte, wollte er eine bemerkenswerte Rache am Grafen von Blankenheim nehmen. Er übergab seine Schwester Mathilde der Fürsorge ihrer Tante, der Gräfin von Daun, und beschied den Verwalter der Neroburg, den ältesten von seines Vaters Dienern, zu sich.

»Ich will in des Kaisers Dienste treten,« sagte er, »inzwischen, Berthold, gebe ich die Burg in Deine Obhut, ebenso wie das Land, das mir von meines Vaters Besitz geblieben ist.«

Der Kaiser führte Krieg, und Kuno fand sich bald im Kriegsdienst beschäftigt. Sehr bald erregte sein Wagemut die Aufmerksamkeit des Kaisers; er lobte Kunos tapfere Taten, schlug ihn mit eigener Hand zum Ritter und beschäftigte ihn bei verschiedenen besonders gefährlichen und schwierigen Unternehmungen.

Die Belohnungen des Kaisers bestanden nicht nur in Ehrungen und Auszeichnungen, er übergab große Summen Goldes und kostbarer Schmuckstücke an seinen jungen Günstling; und außer diesen kaiserlichen Gaben gewann »Kuno der Held« - denn so ward er im Heere genannt - viel Geld aus dem Lösegeld für die edlen Gefangenen, die er im Kampf machte.

Kunos Glück dauerte nur wenige Jahre; der Kaiser wurde im Kampf getötet; und der junge Ritter hatte seinen Wohltäter so sehr geliebt, daß er es nicht über sich brachte, unter seinem Nachfolger zu dienen, der in jeder Weise von dem früheren Regenten verschieden war.

So kam er nach Hause und holte seine Schwester zu sich auf die Neroburg. Mathilde war nun eine große, hübsche, junge Frau, die ihre Pflichten als Burgherrin erfüllen konnte. Kuno fand die Stille von Neroburg sehr öde; fast täglich ging er in den benachbarten Wäldern auf die Jagd; allerdings fühlte er, daß dies seine Schwester sehr einsam machte, und er überredete eine verwaiste Verwandte, Hedwig, die in dem Convent zu Niederprüm wohnte, obwohl sie keine Gelübde abgelegt hatte, Mathildes Gefährtin auf der Burg zu werden. Hedwig war schön anzusehen, und sie war auch fröhlich und zärtlich; die beiden Mädchen wurden schnell treue Freundinnen.

Es schien allerdings, daß Hedwigs Anwesenheit Kuno noch öfter aus dem Hause trieb; sein Fernbleiben dauerte auch länger.

Mathilde bemerkte, daß er still und gedrückt war, wenn er zuhause blieb; mehr als einmal stellte sie fest, daß seine Augen ernsthaft auf Hedwig ruhten. Dieser Gedanke entzückte Mathilde; sie war ein liebenswürdiges Mädchen, und sofort beschloß sie, daß ihre geliebte Freundin ihre Schwägerin werden sollte. Hedwig fühlte sich nicht zur Nonne berufen, und sie hatte sehr gern Kunos Einladung nach Neroburg angenommen, in der Hoffnung, etwas von der auswärtigen Welt zu sehen.

Eines Tages sagte Mathilde zu ihr: «Kannst Du nicht die Sprache von Kunos Augen lesen? Er liebt Dich, süße Freundin; ich bitte Dich, liebe Du ihn auch und werde meine Schwester.«

Diese Worte erregten Hedwig; sie antwortete ihrer Freundin nicht.

Es war eine stürmische Nacht im März; der Winter schien seine letzte Schlacht mit den nahenden Kräften des Frühlings auszufechten. Der Wind heulte wild um die Burgbefestigungen; schwere Regentropfen schlugen und spritzten gegen die Fensterläden; aber das Holzfeuer in dem mächtigen Herd flackerte fröhlich, die Öllampe auf einem geschnitzten Eichentisch verströmte ein mildes Licht; das Gemach erschien voll Frieden und Behagen.

Mathilde hatte sich niedergelegt. Hedwig saß im Frauengemach und war mit einer Stickerei beschäftigt, die sie vollenden wollte, ein Geschenk zum Geburtstag ihrer Freundin. Kuno saß, in tiefe Gedanken versunken, etwas davon entfernt.

Kunos Stimme unterbrach die Stille.

»Jungfrau Hedwig,« sagte er, »schon lange wollte ich Euch etwas anvertrauen.«

Die Worte klangen wie von Liebe erfüllt für Hedwig, und die Nadel in ihrer Hand wurde unsicher; aber obwohl sie befangen war, blieb sie äußerlich ganz ruhig.

Kuno fuhr fort: »Ich habe beschlossen, Euch mit dem Geheimnis meines Lebens vertraut zu machen, aber zuerst muß ich das Versprechen von Euch fordern, all meine Worte geheim zu halten; geheim sogar vor Mathilde - denn wenn sie meine Pläne kennen würde, wäre sie sehr beunruhigt. Ihr seid verschwiegen und mutig, und deshalb bitte ich Euch, die Vertraute meines Planes zu werden.«

Hedwig hob ihr Haupt und sah ihn an.

»Ihr habt eine zu hohe Meinung von mir, Herr Ritter. Ich kann Euch kaum einen wirksamen Dienst leisten, aber was ich kann, will ich tun.«

»Dann muß ich Euch bitten, mir sofort zu folgen, Jungfrau Hedwig, denn ich muß Euch etwas zeigen.«

Kuno nahm die Lampe und ging voraus zu einer Wendeltreppe, die bis zum untersten Flur der Burg führte: dann ging er zur Kapelle voraus und nahm den Weg zu dem Raum hinter dem Altar. Er drückte auf eine Feder im Fußboden, und eine der Bodenfliesen hob sich und zeigte eine dunkle Öffnung mit Stufen. Diese Stufen stieg Kuno hinab, dabei hielt er die Lampe so, daß seine Begleiterin auch sehen konnte.

Hedwig war von geheimnisvoller Furcht erfüllt, während sie ihm in einen dunklen, schmalen Durchgang folgte, der aus dem Innersten des Felsens geschnitten schien. Sie hörte das Kreischen der Eulen, vermischt mit dem Heulen des Sturms, und sie erschauderte.

Schließlich hielt Kuno an und hob seine Lampe; ihr Licht fiel auf eine große, eiserne Truhe in einer Nische; das Licht glänzte auch auf seinem bleichen, sorgenvollen Antlitz.

Er zeigte auf die Truhe.

»Hier liegt ein Schatz, der mehr als ausreichend ist, den verlorenen Glanz unseres Hauses wieder zu erneuern; ich weiß sehr gut, daß unser Nachbar, der Graf von Blankenheim, uns mit hochmütiger Herablassung betrachtet und sich im Besitz unserer Ländereien und Güter wohl sein läßt; ich erinnere mich, daß er meinen Vater und meine Mutter in ein frühes Grab brachte, und ich bin entschlossen, eine einzigartige Rache zu nehmen. Die Mittel dafür habe ich zusammengebracht, und ich beginne jetzt mein Unternehmen.«

Er zog einen rostigen Schlüssel hervor und öffnete die Truhe.

»Seht, Jungfrau Hedwig, hier sind fünf Säcke, gefüllt mit Goldstücken. Ein Teil ist in gerechten Kämpfen erbeutet worden, ein Teil sind Gaben meines Kaisers. Ich habe dieses Gold der Ausübung meiner Rache geweiht; während meiner langen Abwesenheiten von der Burg habe ich fünfhundert Bewaffnete angeheuert, und bald werde ich sie anführen.

Ich bin gut vorbereitet, aber ich wage nicht, meinen Schatz mit mir zu führen; ihn zu hüten, würde meine Tätigkeiten behindern. Meine Schwester ist furchtsam; daher habe ich Euch um Hilfe gebeten. Sobald alles fertig ist, werde ich Blankenheim belagern: sollte ich neues Geld brauchen, wird mein vertrauter Freund, der Ritter Hans von Hartelstein, mein Bote sein. Das Zeichen ist ein aufrechtes Kreuz, in die Linde am Burgtor gekerbt. Ein aufrechtes Kreuz bedeutet, daß ich einen Sack Gold benötige, die Anzahl der Kreuze zeigt Euch die Anzahl der Säcke, die ich brauche. Ritter Hans wird eine Stunde nach Sonnenuntergang am Tor sein, um sie abzuholen. Versteht Ihr mich?«

Hedwig beugte ihr Haupt.

»Wenn Ihr drei liegende Kreuze in den Baum gekerbt seht, wißt

Ihr, daß es mit mir vorbei ist; entweder, ich siege oder ich falle auf dem Schlachtfeld. Mathilde vertraue ich Eurer Vormundschaft an. Das Geld, das übrig geblieben ist, teilt zu gleichen Teilen zwischen Euch. Für meine Schwester wird das Kloster die einzige Zuflucht sein; aber Eure Schönheit und Eure vielen Tugenden werden einen Ritter über die Maßen glücklich machen. Ich habe Grund, zu glauben, daß Bewerber hier in der Nähe Euch die Heirat antragen würden, wenn sie nicht glaubten, daß ich Eure Zuneigung gewonnen hätte. Aber ich – –« er hielt inne, er schien mit sich zu kämpfen, dann fügte er hinzu: »Wollt Ihr tun, um was ich bitte?«

Hedwig stand wie betäubt. Die gespenstische Umgebung, die wilde Wut des Sturmes und die sonderbaren Worte des Ritters machten einen starken Eindruck auf ihr zartes Gemüt; plötzlich streckte sie beide Hände gegen Kuno aus.

»Ich will Euch jeden Dienst tun als Dank für alles Gute, das Ihr für mich getan habt. Ich verspreche feierlich, alles zu tun, was Ihr fordert.«

Er preßte für einen Augenblick ihre Hände.

»Empfangt meinen wärmsten Dank!«

Er verschloß die Truhe, dann leitete er sie den Weg zurück bis zum Eingang der Gruft.

»Ich muß Euch noch etwas ganz Wichtiges zeigen. Die Falltür, der einzige Zugang zu dieser Gruft, kann von oben geöffnet werden; seht, wie sie geschlossen wird. Wenn sie zu ist, kann sie von unten nicht geöffnet werden, und diese Einrichtung hat sie dann und wann zu einem sicheren Gefängnis gemacht.

Hedwig schauderte, als sie in die dunkle Höhle zurückblickte.

»Ein schreckliches Gefängnis, wahrlich,« sagte sie. Dann schieden sie und Kuno voneinander und gingen in ihre Gemächer.

In den folgenden Tagen war viel Kommen und Gehen um die Burg, aber Mathilde bemerkte das nicht. Kuno sandte einen Herold, um dem Grafen von Blankenheim die Fehde anzusagen, und folgte mit seinen fünfhundert Mannen, die er dort lagerte, wo jetzt das Dorf Blankenheim ist. Er verteilte seine Männer so, daß sie die starke Festung ganz einschlossen.

Der erste Ansturm war erfolglos; die Mauern boten unerwartet guten Widerstand, obwohl der Graf abwesend war und nur eine Handvoll Männer die Burg verteidigten. Die Besatzung sandte einen Boten an ihren Grafen und an seinen Vetter, den Grafen von Jülich, und baten um Hilfe gegen die Belagerer.

Täglich hatte Hedwig sorgfältig den Stamm der Linde untersucht, und eines Morgens fand sie ein aufrechtes Kreuz in seine Rinde geritzt. Ungeduldig wartete sie auf den Sonnenuntergang, damit sie ihr Versprechen erfüllen könnte. Als die Finsternis kam, eilte sie zu der geheimnisvollen Gruft, öffnete die schwere Falltür und sicherte sie; sie ging zur Truhe und schleppte einen Sack Gold die Treppe hinauf.

Dann stand sie vor dem Burgtor und wartete auf Kunos Botschaft. Es war ein lieblicher Frühlingsabend, und der Mond sandte sein bleiches Licht auf die umgebende Finsternis.

Hedwig wartete eine Weile; da kam aus den rauschenden Büschen die Gestalt eines gewaffneten Ritters; im Mondlicht sah man sein blondes Haar, wie es unter seinem stählernen Helm hervorfiel. Das Mädchen erkannte ihn sofort; sie hatte ihn oft gesehen und bewundert, wenn er Kunos Gast auf der Neroburg war.

»Gott segne Euch, edle Frau,« sagte er. »Vergebt mir, daß ich Euch warten ließ, aber der Weg war mir fremd, und ich wollte dem gebahnten Pfad nicht folgen, damit mich keine Späher von der Casselburg entdeckten. Wie geht es mit allen in der Burg?«

»Alles ist gut, Herr Ritter. Das Gold ist hier, aber ich bitte, berichtet mir, wie es mit der Belagerung vorwärts geht.«

»Gut; aber wir hören, daß die Blankenheimer Hilfe von Jülich erwarten; wenn wir also die Burg nicht einnehmen, ehe der Beistand ankommt, müssen wir zwei Truppen statt einer bekämpfen. Die Mauern von Blankenheim sind stärker, als wir gedacht hatten. Gott helfe uns; wir wollen unser Bestes tun.«

»Habt Ihr viele Männer bei der Belagerung verloren?«

»Einige der Krieger sind tot, einige verwundet. Die Ritter sind durch ihre Rüstung besser geschützt; nur zwei oder drei haben gelitten. Wenn die Jülicher kommen, wird es eine Feldschlacht geben.«

»Werdet Ihr und Graf Steinborn daran teilnehmen?«

»Ja, edle Frau; und ich will meinen letzten Tropfen Blut für die gerechte Sache meines Freundes vergießen. Ich verspreche Euch, ich

will Kuno vor jeder Gefahr behüten, so daß er glücklich werden kann mit der, die er liebt und die ihn liebt.«

Er sah Hedwig bedeutungsvoll an.

»Ich verstehe Eure Worte nicht, Herr Ritter.«

»Liebt Kuno Euch denn nicht?«

»Ich verstehe Euch nicht,« wiederholte sie.

»Er spricht Euren Namen, wenn er schläft.«

Hedwig beugte das Haupt, sie errötete tief.

»Ich bin seine Verwandte und verwaist; er bedauert mich und denkt an mich; das ist alles.«

»Er ist glücklich, Euch so gut zu kennen.«

Eine Pause trat ein. Hans von Hartelstein hatte ernsthaft in ihr Gesicht geblickt.

»Jungfrau Hedwig,« sagte er, »der morgige Kampf wird sehr ernst sein; vielleicht sehe ich Euch nie wieder. Herrin, ich fasse Mut, Euch mein Geheimnis zu entdecken. Haltet mich nicht für treulos gegen meinen Freund; der Tod wird weniger bitter sein, wenn ich Euch meine Liebe gestanden habe. Als ich Euch zuerst neben Mathilde stehen sah, liebte ich Euch; seitdem verfolgt mich Euer Anblick Tag und Nacht; das Leben ist mir eine Last, weil ich nicht hoffen darf, Euch einst mein Weib zu nennen. Jeder Blutstropfen in mir ist Euch geweiht. Aber Ihr habt Euer Herz meinem Freund gegeben, ich muß aller Hoffnung auf Glück entsagen. Weiht mir ein Gebet, Herrin. Wenn ich sterbe, bitte ich Euch, legt eine Blume auf mein Grab und sprecht ein Gebet für meine Seele.«

Hedwig schwieg, aber sie war tief bewegt. Dies war die Hingabe, nach der sie sich gesehnt hatte und von der sie träumte.

Hans von Hartelstein hob den Sack auf seine Schultern; er verließ sie mit einem schweigenden Gruß. Mit kummervollen Augen sah sie ihm nach, die Hand auf ihr klopfendes Herz gepreßt.

Die Ruinen von Blankenheim zeigen heute noch die Breschen, die Kuno von Steinborn in sie geschlagen hat. Er hatte die Festung meisterhaft umschlossen; die Belagerten konnten keinen Ausfall wagen, ohne in die Hand der Belagerer zu fallen.

Das dauernde Gerücht vom Anmarsch der Jülicher beunruhigte die Angreifer, als sie merkten, daß die Hoffnung, die Burg durch

Sturm zu nehmen, auf die sie alle Kraft verwendet hatten, nicht durchzusetzen war.

Kunos Späher meldeten, daß sich eine Truppe von nur dreihundert Mann näherte; aber er sah die Gefahr für seine Truppen, auf beiden Seiten vom Feind angegriffen zu werden. Er warb neue Truppen an; um diese zu besolden, war mehr Gold nötig.

Es war der Abend eines heißen Sommertages. Frühmorgens hatte Hedwig zwei Kreuze in der Rinde des alten Lindenbaums bemerkt. Eine dicke Wolke war im Westen aufgestiegen, die die Abendsonne verdunkelte und frühes Zwielicht brachte. Bald wurde es sehr dunkel, und tiefes Donnergrollen kündigte den nahenden Sturm an. Der durchdringende Regen, die flammenden Blitze, gefolgt von Donnerschlägen, die gegen die Mauern der Neroburg zu dröhnen schienen, verwirrten Hedwig und ließen sie vor ihrem Gang zur Gruft zurückschaudern. Als es ganz dunkel war, eilte sie zur Kapelle; aber sie war so erregt und verwirrt, daß sie ihre Sorgfalt bei der Sicherung der Falltür vergaß; ehe sie den Fuß der Treppe erreicht hatte, fiel sie mit einem lauten Knall zu.

Hedwig schrie laut auf in ihrer Todesangst; sie flog die Treppe hinauf und warf sich gegen die Tür - sie war fest verschlossen.

Entschlossen ging sie zur Truhe, nahm zwei Säcke heraus und schleppte sie zur Treppe; noch einmal stieg sie hinauf und versuchte die Falltür zu öffnen, aber diese widerstand all ihren Anstrengungen. Das Öl in ihrer Lampe brannte schon schwach, und bald machte der Wind, der seinen Weg in die Gruft fand, das Licht flackern. Nach ein paar Augenblicken ging es aus, und sie stand im Dunkeln. Sie fürchtete nichts für sich selbst; sie dachte mit Bestürzung an den wartenden Ritter; sie fürchtete, daß diese Verzögerung Kunos Unternehmen ernstlich behindern würde.

Zitternd lag sie auf den Steinstufen, von Schrecken überwältigt. Schließlich nahm sich die Natur ihr Recht, und sie schlief ein, völlig erschöpft vom langen Warten. Schreckliche Träume verfolgten sie; sie sah Hans von Hartelstein vom Blitz erschlagen vor dem Burgtor, sie sah Kuno in der Schlacht überwunden und in den Kerker geworfen... Dann kehrte ihr Bewußtsein zurück und sagte ihr, daß sie im Grunde der Erde begraben war.

Hans von Hartelstein hatte vor dem Sturm Schutz zwischen den Büschen nahe dem Eingang gesucht; er wartete und wartete, er wagte nicht, Aufsehen zu erregen, denn er wußte, daß seine Besuche den Burgbewohnern unbekannt waren. Er fürchtete, daß Hedwig etwas zugestoßen sei und eilte zurück, um seinen Freund vor den Mauern von Blankenheim aufzusuchen.

Kuno vermutete gleich, was geschehen war, und ritt, so schnell er konnte, zur Neroburg; dort angekommen, fand er große Aufregung über Hedwigs Verschwinden.

Kuno eilte zur Falltür, er hob sie an und fand das Mädchen, offenbar leblos, auf dem Boden der Gruft liegen. Er nahm sie in seine Arme und trug sie in eins der oberen Gemächer; er flößte Tropfen starken Weines zwischen ihre Lippen und lauschte ängstlich auf ein Lebenszeichen.

Endlich öffnete sie ihre Augen und starrte ihn wild an.

»Bist Du das, mein Hans?« murmelte sie, »bist Du in Sicherheit?«

»Ich bin nicht Hans; kennst Du mich nicht?«

Ganz langsam kehrte das Blut wieder in ihre Adern zurück.

»Wo ist denn der Ritter von Hartelstein?« murmelte sie schwach.

»Er ist bei uns im Lager, er ist in Sicherheit.«

Sie hob ihre Hand an die Stirn. «Warum bin ich hier?... Ach, ich erinnere mich!... Ihr also habt mich gerettet?«

»Ja, ja, aber ich bin auch schuld an diesem schlimmen Unglück; verzeiht mir, Hedwig.«

Seine Stimme war voller Qual, aber das Mädchen war wieder bewußtlos. Kuno rief nach seiner Schwester und nach Hilfe, und sobald er sah, daß Hedwig sich erholte, galoppierte er nach Blankenheim zurück. Aber er hatte keinen Mut zu kämpfen; alle seine Hoffnungen waren zerstört. Er hatte gehofft, Hedwig zu heiraten, wenn er siegreich nach Neroburg zurückkäme, und nun, außer seiner Enttäuschung, hatten Hedwigs Worte sein Vertrauen in seinen Freund zerstört. Er meinte, daß Hartelstein seinen Auftrag als Gelegenheit benutzt habe, um ihn aus Hedwigs Herzen zu verdrängen. Er sagte sich traurig, daß sein Leben von nun an eine schwere Last sein würde.

Als er nach Blankenheim kam, fand er, daß die Jülicher angekommen waren. Sofort warf er sich in den Kampf und führte einen wilden Angriff gegen seinen neuen Feind. Eine Zeitlang schien es, als ob er die Jülicher vertreiben könnte; aber obwohl nur wenige und ungeschulte Leute, machten die Burgmannen, ermutigt durch deren Ankunft, einen entschlossenen Ausfall und griffen die Belagerer an.

Kuno kämpfte wie ein Löwe, mit verzweifelter Tapferkeit. Er trieb die Jülicher zurück, und er hätte vielleicht gesiegt, aber der Speer eines verborgenen Feindes durchbohrte seine Rüstung und warf ihn aus dem Sattel.

Hans von Hartelstein, der sogar im Kampf über das Ausweichen seines Freundes erstaunt war, war ihm dicht auf gefolgt. Er war neben ihm, als der Speer ihn traf, fing ihn in seinen Armen auf, als er fiel, und ließ ihn in sein Zelt tragen.

Dann rief Hartelstein die Krieger auf, den Sturz ihres Führers zu rächen; aber die Männer waren in der Überzahl Söldner, die nur für ihr Geld fochten. Ein Murren der Ablehnung erhob sich, und sie begannen sofort von Blankenheim abzuziehen.

Früh am nächsten Morgen ging Hedwig zum Baum und sah schweren Herzens drei liegende Kreuze dort eingeritzt. Aber schnell nahm sie sich zusammen, um Kunos Anweisungen zu befolgen. Sie hatte kaum Zeit, Mathilda auf das Unglück vorzubereiten, das vor ihr lag, als schon der Hall der Trompete sie in den Burghof riefen. Da stand die trauernde Schar der Träger um Kunos Bahre.

Mathilda trat vor und zog das Tuch beiseite, das sein Antlitz bedeckte, aber der Anblick von ihres Bruders geliebten blutbedeckten Zügen entrang ihr einen Verzweiflungsschrei, und sie fiel bewußtlos zu Boden.

Hedwig nahm sie mit sich zum Konvent von Niederprüm; aber Mathilda erholte sich niemals von dem Schlag ihres plötzlichen Verlustes. Das Gold, das in der Gruft verblieb, wurde zwischen den beiden Mädchen geteilt, und Mathilda spendete das ihre der Gemeinschaft, in der sie schon bald starb.

Neroburg war ganz verlassen; bald fiel sie in Trümmer; ein Teil davon und eine Grotte kann man auf dem Gipfel des Nerothkopfes noch sehen.

Ein Jahr nach Kunos Tod heiratete der Ritter Hans von Hartelstein die Jungfrau Hedwig von Steinborn und holte sie heim in seines Vaters Burg.

Wir fuhren durch Essingen, Hohenfels und Betteldorf; wir sahen den hohen Erensberg oder Erresberg zweitausendzweihundertundsechsundfünfzig Fuß hoch, rechts der Straße; sein Gipfel war bewölkt; dann kamen wir nach Dockweiler. Überall hatten wir Lavablöcke und Aschehaufen gesehen. Eins der Dörfer ist im Inneren eines Kraters erbaut, und die Straße war teilweise mit Asche bedeckt oder von einem Lavastrom überquert. Nicht weit von Dockweiler ist ein ausgetrocknetes Moor, genannt der »Dreiser Weiher«, wo, wie man uns sagte, Olivinbomben leicht gefunden werden konnten; und von einem Hügel in der Nähe hat man eine ausgedehnte Sicht über diese eigenartigen Kratergipfel. Es schien uns, daß die Strecke zwischen Gerolstein und Daun für den Geologen voller Interesse sein muß, zu urteilen nach dem, was wir sogar von der Straße aus und in strömendem Regen sehen konnten.

Gerade bevor wir Daun erreichten, fiel die Straße steil ab; sie machte große Serpentinenwindungen. Daun ist sehr malerisch auf einem Hügel erbaut und ist ein weit ausgedehnter Platz von ungefähr tausend Einwohnern; sein höchster Punkt ist eintausendzweihundert Fuß über Meereshöhe. Die Straße machte bei dem steilen Abstieg beachtlich viele Kurven. Der Kutscher sagte uns, unser Hotel (Hommes) liege am hintersten und niedrigsten Ende der Stadt. Wir waren durch und durch naß und sehr kalt, denn es war einer der wenigen schlechten Tage in dem wundervollen Sommer von 1895.

Ein Fest wurde gefeiert, deshalb war die Stadt voll und lärmend; aber da wir Räume vorbestellt hatten, waren wir sicher, sie für uns bereit zu finden.

Als wir in dem strömenden Regen ankamen, stand eine Gruppe Leute auf der Treppe, und wir fragten nach dem Wirt. Er trat höflich lächelnd vor.

»Wir haben keinen Platz«, sagte er in Englisch, »aber Sie können in der Nähe sehr gute Zimmer haben.«

»Da muß ein Mißverständnis sein; wir haben Zimmer im Hotel bestellt.«

»Ja, Ja,« - er lächelte noch viel höflicher - »Ihr Gepäck wird hinübergebracht: es ist nicht weit, und die Zimmer sind sehr gut.«

Wir waren verwirrt. Er schien unsere Versicherung, daß wir Zimmer bestellt hatten, zu verstehen. Ein stämmiges Mädchen hatte sich schon unserer Taschen und kleinerer Gepäckstücke bemächtigt, aber wir waren entschlossen, nicht ohne Kampf wieder in den strömenden Regen hinauszutreten. Plötzlich sah eine von uns rechts vom Flur die offene Tür eines gemütlichen kleinen Wohnzimmers, und sie ging hinein und setzte sich auf einen Stuhl nahe der Tür; denn der Regen strömte nun auch bis in die Eingangstür, wo es zudem sehr zugig war. Eine freundliche Frau saß in diesem Raum, und sie fragte höflich auf Deutsch, was die Dame wollte. Die Dame erläuterte das Dilemma und das merkwürdige Verhalten des Wirtes. Die andere lauschte aufmerksam und stellte einige Fragen; dann leuchteten ihre dunklen Augen in plötzlichem Verstehen auf, sie zuckte die Schultern, schoß in den Flur, faßte ihren höflichen, lächelnden Wirt am Arm und flüsterte mit ihm.

Sie kam zurück, entschuldigte sich für den Irrtum ihres Mannes und sagte uns, daß die besten Zimmer des Hauses für uns reserviert worden waren, sobald unser Brief angekommen war. Es war klar, daß der Trubel des Markttages und ein übervolles Haus ihren Mann verwirrt hatten. Tatsächlich war einer der reservierten Räume auf der ersten Etage mit Blick über den Garten der beste und bequemste, den wir bisher gehabt hatten. Ein Teil des Raumes war durch einen Vorhang abgeteilt, und der Rest ergab einen prächtigen Wohnraum mit einem üppigen Sofa und zwei Armsesseln.

Der geräumige Speisesaal lag im Erdgeschoß; von dort hatte man viele schöne Ausblicke durch die zahlreichen Fenster; ein Billard- und Rauchzimmer gab es nebenan. Das Essen war recht gut und reichlich; Mittagessen um eins, Abendbrot um acht. Wirt und Wirtin waren sehr freundlich und aufmerksam, und wir hörten, daß sie bei der Stadtbevölkerung wegen ihrer Wohltätigkeit sehr angesehen waren.

Als wir beim Abendbrot saßen, kamen unsere belgischen Bekannten herein; sie hatten vier Stunden für den Weg gebraucht, den ganzen Weg von Gerolstein zu Fuß durch den strömenden Regen; aber sie schienen außerordentlich gut gelaunt.

Das Wetter am nächsten Morgen war herrlich - klarer Himmel und strahlender Sonnenschein; und wir brachen frühzeitig zu den Kraterseen, oder Dauner Maaren, wie sie genannt werden, auf. Die kleine Stadt Daun sah sauber und ordentlich aus, und da hier die Misthaufen fehlten, mußte man ihr fast den Vorzug vor Gerolstein geben, trotz dessen malerischer Schönheit mit dem Hintergrund von fantastischen Felsklippen und der Blütenfülle überall.

Die Straße zu den Seen verläuft im lieblichen Liesertal und ist von Ebereschen umsäumt. Kurz bevor sie das Dörfchen Gemünd erreicht, zweigt links der Weg nach Manderscheid ab, und von dieser Straße aus wieder nach links kommt man zum Gemündener Maar.

Unser kleiner Wagen setzte uns am Anfang eines steil hochsteigenden Waldes am Mäuseberg neben einem Plateau ab, wo sich ein Gedenkstein für Helmut von Moltke findet, und dahinter, fünfzig oder sechzig Fuß unter dem Straßenniveau, tief unten in dem riesigen Krater, liegt das liebliche, blaue Gemündener Maar. An den anderen Seiten erhebt sich der steile Hang mit Kiefern, Eichen und Nußbäumen mehrere hundert Fuß über das Wasser. Der See ist klein, soll aber etwa zweihundert Fuß tief sein; zehn Fuß vom Ufer aus geht er steil in die Tiefe. Gerade unter der Straße liegt ein kleiner Badeplatz.

Der Gang durch den Wald war herrlich kühl und erfrischend, und als wir aus den Bäumen heraustraten, sahen wir wieder das Gemündener Maar weit unter der steilen grünen Höhe, auf der wir standen; es sah aus wie ein köstlicher Edelstein mitten im Wald; weiter hinten konnte man so eben Daun sehen und das Liesertal vor seinen Hügeln. Die tief herabfallenden Ufer des Sees sind in kleinen Feldern bebaut. Getreide, Raps und Buchweizen wachsen bis ans Wasser hinunter.

Das Gemünder Maar

Man kann sich kaum vorstellen, daß dieses friedvolle, blaue Wasser die Höhlung eines Hügels ausfüllt, der in alter Zeit Feuer und Lavaströme ausspie. Unser Pfad stieg über eine weite Blumenwiese hinauf bis zum Gipfel des Mäuseberges. Hier hatten wir ein ausgezeichnetes Panorama der Vulkaneifel. Von der Kyll zur berühmten Nürburg und der Hohen Acht im Norden ist der Mäuseberg wirklich umgürtet von Höhen. Der hochragende Erensberg oder Erresberg, und der Nerothkopf nahe Gerolstein waren zu sehen, und nach Süden zu in der Ferne die drei Zinnen des malerischen Mosenbergs; weit hinter dem Hochwald lagen der Erbeskopf und die Moselberge.

Ein hölzerner Aussichtsturm ist auf dem Mäuseberg errichtet, bei dem die verschiedenen Hauptblickpunkte gekennzeichnet sind. Links des Plateaus aber, etwas weiter unter uns, sahen wir einen dunklen, unheimlich wirkenden See, größer als das Gemünder Maar, aber so trostlos und verlassen, daß er sofort unsere Aufmerksamkeit erregte. Er hat keine flach auslaufenden Ufer, der nackte Hügel erhebt sich steil gegenüber auf der anderen Seite, und man kann kaum einen Baum finden: man hatte uns erzählt, daß weder Vogel noch Insekt diesem verwunschenen Flecken näher kommen, aber wir sahen eine Menge wilder Enten darüber fliegen. An einer Seite, wo es nicht so steil ist, steht gerade über dem Wasser eine kleine graue Kapelle.

Das Wasser ist von totem, trübem Grau, als ob es der Schuld bewußt sei, die in ihm begraben liegt. Die Kapelle ist vielleicht auf dem Platz des Klosters erbaut, in dem der Gatte der bösen Gräfin Jutta seinen Kummer zu vergessen suchte.

Denn einstmals, wie die Überlieferung sagt - die von den Bewohnern der Eifel fest geglaubt wird - war auf dem Mäuseberg ganz und gar kein Krater; die Stelle des Weinfelder Maares war ein ebener Grund, auf dem eins der schönsten Schlösser dieser Bergregion stand, das Schloß des Grafen von Weinfeld.

Seine Pracht war so groß wie die Güte seiner Besitzer; die Bewohner des kleinen Dorfes vor dem Schloß betrachteten den Grafen wie einen Vater, und die ärmeren unter ihnen empfingen täglich eine Gabe von Fleisch und Brot am Schloßtor.

Die stolze und schöne Gräfin Jutta war von ihrem Gatten sehr verschieden, sie hatte ein grausames Herz. Nichts war ihr zuviel an äußerlichem Glanz und Prunk, aber sie verachtete ihres Gatten Barmherzigkeit, laut erklärte sie die Dorfbewohner als Gauner und Schwindler. Es schien tatsächlich, als ob sie von einem bösen Geist besessen sei, denn ob innerhalb oder außerhalb des Schlosses, niemals ließ sie sich die Gelegenheit für böse Worte und Taten entgehen. Auch ihren Gatten nahm sie dabei nicht aus, und sein sonst freundliches, wohlwollendes Gesicht war oft verfinstert durch seinen Kummer über ihre unfreundlichen Worte und Taten.

Bald fand er heraus, daß es nutzlos war, ihr Vorstellungen oder

Vorwürfe zu machen; sie verhöhnte nur seine Versuche, ihr hartes und grausames Herz zu erweichen. Der Trost des Grafen war sein schöner, kleiner Sohn und die Liebe und Dankbarkeit seiner Vasallen.

Eines Tages ritt er zur Jagd aus, und ehe er sein wohlgezogenes Kriegsroß Falchert bestieg, das ihn treulich durch so manche Schlacht getragen hatte, wandte er sich an die Gräfin, die zum Abschied herausgekommen war, und bat sie, in seiner Abwesenheit eine gute Haushälterin zu sein.

»Vor allem,« sprach er nachdrücklich, »fordere ich von Dir, daß die tägliche Gabe, die ich gewöhnlich mit eigenen Händen verteile, regelrecht ausgegeben wird; denn erinnere Dich, Jutta, Gott wird die nicht segnen, die nicht barmherzig sind.«

Sie hörte schweigend zu, aber ihr Antlitz war finster; im Inneren beschloß sie, ihm ungehorsam zu sein. Als ihr Gatte wegritt, sagte sie sich, daß seine Abwesenheit für vielleicht einige Tage ihr die Gelegenheit geben würde, dieser läppischen Ansammlung von Bettlern am Schloßtor ein Ende zu setzen; sie wußte, daß sie sehr gefürchtet war, und fühlte die Kraft, ihre Vasallen zur Unterwürfigkeit zu zwingen.

Sie ging in den Gerichtssaal und ließ den Hausverwalter ihres Gatten kommen.

»Treib mir mit Peitschen diese Bettler vom Tor« sagte sie streng, »und wenn sie das nicht vom Kommen abschreckt, hetze die Hunde auf sie: ich will keinen dieser Schurken mehr an meinem Tor sehen; wenn meinen Befehlen nicht gehorcht wird, weiß ich Widerspenstige zu strafen.«

Der Verwalter sah ernst aus, er wollte ihr nicht gehorchen, trotzdem gebot er den Dienern, das Gebot ihrer Herrin zu befolgen; alle wußten nur zu gut, wie gnadenlos sie den kleinsten Fehler bei ihnen bestrafte.

Als die armen Alten am nächsten Morgen für ihre Gabe kamen, waren sie erstaunt, anstelle der willkommenen Körbe mit Essen, die sie gewohnt waren, die Diener mit Peitschen dastehen zu sehen. Die armen Leute standen in einer Gruppe, ängstlich und verwirrt über diese Veränderung im Schloßhof. Die Diener ließen die Peitschen knallen, aber sie gaben acht, daß keiner auch nur einen leichten Schlag spürte, und wisperten: »Macht Euch fort, gute Leute, und das schnell, ehe wir Euch wirklich schlagen müssen. Der Teufel herrscht jetzt im Haus, und wir können Euch nicht helfen.«

Darauf kam die Menge in Bewegung und schob sich bald aus den einst so gastfreundlichen Toren.

Die Gräfin hatte den Erfolg ihrer Befehle von Fenster aus beobachtet, und sie beglückwünschte sich zum Erfolg ihres Planes. Aber nach einiger Überlegung fand sie sich nicht zufrieden mit dem Werk dieses Morgen; es gab noch viele andere Mißbräuche abzuschaffen, und da der Graf ihr nicht gesagt hatte, wie lange er abwesend sein würde, mußte sie ihre Zeit so gut wie möglich nutzen.

Wieder berief sie den Verwalter und gebot ihm, Zehnten und andere Abgaben von den Untertanen ihres Mannes einzutreiben; sie wußte nämlich, daß der Graf diese oft erließ und oft auch ganz vergaß, sie einzufordern.

»Edle Herrin«, antwortete der Verwalter, »wie soll es sein, wenn in den Häusern dieser Bauern kein Geld zu finden ist?«

»Dann mußt Du Ersatz dafür nehmen: Du wirst Getreide finden, und ich befehle Dir, soviel zu nehmen, wie die Schuld beträgt; die Ernte ist beendet, die Scheunen werden voll sein. Wage nicht, mit leeren Händen zurückzukommen,« sagte sie drohend.

Die Diener wagten nicht, ihr ungehorsam zu sein, und die hart erpreßten Geldsummen wurden zum Schloß gebracht. Jutta sah Lastwagen voller Weizen von denen, die nicht zahlen konnten, den Hügel herauf kommen, und sie lächelte mit triumphierender Verachtung. Sie sagte sich, daß sie gute Arbeit leiste; das Land hatte lange solch ein Regiment nötig gehabt, und ohne Scham betete sie, daß Gott die Rückkehr ihres Gatten so lange verhindern möge, bis sie alle die Veränderungen, die sie erwogen hatte, ausführen konnte.

Drei Tage vergingen, und die Hausdiener, die sie nun so knapp wie möglich hielt, waren von Morgen bis Abend so beschäftigt mit der vielen Arbeit, die ihre Herrin ihnen auferlegte, daß sie nicht so gut Wache halten konnten wie gewöhnlich. Am vierten Tag geschah es, daß ein armer, schwacher, alter Mann seinen Weg in die Gemächer der Gräfin finden konnte; er fiel vor ihr auf die Knie.

»Wer bist Du, Lump?« schrie sie rauh.

»Seht mich an, edle Dame,« sagte der bleiche, zerlumpte Mann;

»Ich bin alt und schwach und elend; Hunger und Krankheit stehen vor mir, meine Füße sind wund. Ich bitte nur um etwas Stroh als Lager, eine Brotkruste und einen Trunk Wasser. Ich beschwöre Euch, gnädige Dame, mein Flehen zu erhören.«

»Nein! Ich werde meine Diener bestrafen, weil sie nicht verhindert haben, daß eines Bettlers Füße den Boden meines Gemaches beschmutzen!«

Der alte Mann zitterte; er wurde noch blasser, als er auf die hochmütige Frau blickte.

»Erbarmt Euch, edle Gräfin,« rief er mit zitternden Lippen, »habt Mitleid mit meiner Not: ich habe vielleicht nur noch ein paar Tage zu leben; laßt mich nicht auf Eurer Schwelle sterben. Ich bitte nur um Stroh zum Liegen und einen Bissen zu essen. Denkt an die Worte des Herrn, der gesagt hat. »Was Du dem Geringsten meiner Brüder getan hast, das hast Du mir getan.«

Sie lachte verächtlich.

»Was ist das mir? Hinweg, Elender, aus meinen Augen, ehe die Hunde Dich hinaustreiben.«

Der alte Mann wankte aus dem Gemach der Dame, vom Kopf bis zu den Füßen zitternd; er wankte auch, als er den Schloßhof überquerte, wo sie ihn verächtlich beobachtete; dann band Jutta ihre wilden Hunde los und hetzte sie mit lauten Rufen auf den armseligen alten Mann.

»Ein Exempel muß gegeben werden, damit Bettler vom Schloß ferngehalten werden,« sagte sie in hochfahrendem Ton. »Faßt ihn!« schrie sie den Hunden zu, und gehorsam ihrer Stimme sprangen sie mit lautem Geheul auf den alten Mann, warfen ihn zu Boden und schlugen ihre Fänge in sein Fleisch. Bald lag nur eine blutige Leiche bewegungslos auf den Steinen des Hofes.

Als der Bettler starb, verdunkelte sich der Himmel, Blitze flammten aus ihm, und der Donner rollte in schrecklichen Schlägen um das Schloß und hallte von den Hügeln ringsumher zurück; dann öffnete sich mit einem schrecklichen Krachen die Erde, und ein mächtiger Abgrund gähnte; riesige Wassermassen erhoben sich aus dieser Tiefe und türmten sich über die Befestigungen; dann brachen sie sich und schlossen das ganze Gebäude ein.

Ein Knabe nur blieb übrig, der die schreckliche Geschichte erzählen konnte. Er war aus dem Schloß geflohen und hatte seinen schrecklichen Untergang gesehen; als er sich von dem Schrecken erholt hatte, stieg er langsam auf den Hügel, auf dem das Schloß gestanden hatte, und sah sich um. Nicht ein Stein blieb von dem mächtigen Schloß von Weinfeld; sein Platz war ein tiefer Abgrund, halb gefüllt mit dunklem, schäumenden Wasser.

Der Junge wandte sich ab, um seinen Herrn aufzusuchen; bald traf er den zurückkehrenden Grafen. Betroffen von dem Schrecken im Gesicht des Jungen rief der Graf: »Hast Du schlechte Nachrichten, Hans? Hat ein Feind in meiner Abwesenheit das Schloß angegriffen?«

»Es ist schlimmer als das, Herr Graf, viel schlimmer. Das Schloß ist in den Grund der Erde versunken, und wo es gestanden hat, ist nur noch Wasser.«

Der Graf starrte den Jungen an.

»Du bist von Sinnen, Hans. Ich könnte genausogut glauben, daß Wasser aus der Erde springen würde, wo mein Pferd Falchert mit seinem Huf den Abhang stampft.«

Bei diesen Worten stampfte Falchert auf die Erde, und eine Quelle Wasser sprudelte hervor.

Ein furchtbarer Schrecken ergriff den Grafen; er spornte Falchert den Abhang hinauf. Sein Schloß war verschwunden, und an seiner Stelle war ein dunkler See; darauf sah er die Wiege seines Kindes, und darin lag sein kleiner Sohn friedlich schlafend. Der Graf hielt einen Augenblick inne und überlegte, wie er am besten seinen Kleinen erreichen könnte, als zu seinem Erstaunen die Wiege zu ihm schwamm, wo er neben dem dunklen Wasser stand. Von Staunen ergriffen riß der Graf sein Kind an seine Brust, bestieg sein Roß und ritt davon. Niemals sah man ihn wieder, aber einige Zeit danach wurde ein Kloster neben dem See erbaut zum Gedenken an das schreckliche Strafgericht, und die Leute sagten, man könne die Stimme des Grafen inmitten der singenden Mönche im Chor vernehmen.

Nicht weit von der einsamen kleinen Kapelle, die heute noch neben dem traurigen Weinfelder Maar steht, entspringt eine Quelle, die von den Bauern »Felcherts Brunnen« genannt wird.

Rechts unter dem Mäusebergplateau sahen wir den dritten der Kraterseen, das Schalkenmehrener Maar, mit seinem Dorf. Es ist das größte der drei, und von hier oben erscheint es malerisch; aber aus der Nähe betrachtet wirkt es nicht besonders eindrucksvoll, mit seinen flachen Ufern und den Weizen- und Kartoffelfeldern, die bis zum Wasser hinunter reichen. Der See enthält eine gute Menge Fische, darunter ziemlich große Hechte. Von hier nach Manderscheid ist es nur eine kurze Fahrt, sie geht über Eckfeld und das Belvedere.

Ehe wir Daun verließen, stiegen wir zum höchsten Teil der Stadt hinauf, um die alte Burg zu besichtigen. Es ist nur ein Torbogen und ein Stück der Mauer erhalten geblieben, aber man hat eine gute Sicht auf die malerische Umgebung dieser schön gelegenen Stadt; an der Burgmauer sahen wir eine Namenliste der berühmtesten unter den Grafen von Daun.

Das Schalkenmehrener Maar

4. Kapitel

Manderscheid, »Die Perle der Eifel«

THERE are at least four different ways of going from Daun to Manderscheid, and for a traveller who wishes to see in one day as many as possible of the differnet points of view, the most interesting route is that by Dauner Maare, to Gillenfeld, whence he can easily visit the Pulvermaar, and then arrive at Manderscheid by Eckfeld and the Belvedere.

Es gibt mindestens vier verschiedene Möglichkeiten, von Daun nach Manderscheid zu gelangen, und für den Reisenden, der an einem Tag so viel wie möglich von den verschiedenen Aussichtspunkten haben will, ist die interessanteste Route die über die Dauner Maare nach Gillenfeld, von wo aus er leicht das Pulvermaar besuchen kann, und dann über Eckfeld und das Belvedere.

Wir allerdings fuhren die Hauptstraße entlang, über Weyersbach und Üdersdorf. Es ist eine schöne Fahrt; ein Teil des Weges führte durch einen dichten Kiefernwald nach Bleckhausen. Wir erreichten eine ziemliche Höhe, und die Vulkanberge links und rechts sahen sehr hoch aus. Näher an Manderscheid erblickten wir rechts über uns die malerische Silhouette des dreigipfligen Mosenberges, der in dieser Region der höchste Berg ist. Unsere Fahrt, zehneinhalb Meilen lang, dauerte ungefähr zwei Stunden und zehn Minuten.

Je weiter wir kamen, um so schöner wurde die Landschaft; bald hatten wir einen Blick auf zwei Türme, es waren die der beiden Burgen.

Unser Reiseweg lag so hoch, daß wir bei den ersten Häusern von Manderscheid hinabzusteigen begannen. Der kleine Ort sah sauber aus und lag im vollen Sonnenschein; Weinranken hingen an den frischgeweißten Mauern, und die Fensterbänke und kleinen Gärten waren bunt von Blumen.

Von England aus hatten wir Zimmer im Hotel Fischer bestellt, und als wir vorfuhren, kam der junge Geschäftsführer Herr Heid zur Begrüßung heraus; er ist der Neffe des Eigentümers Fischer; wir waren froh, daß er so gut Englisch sprach.

Er sagte uns, daß Manderscheid voller Besucher war, und daß er uns deshalb zunächst nur kleine Schlafzimmer geben könne; sie waren wirklich sehr klein, aber nach ein paar Tagen hatten wir bessere Zimmer. Wir nahmen uns deshalb vor, bei einem nächsten Besuch Manderscheids mindestens vierzehn Tage vorher zu schreiben und Zimmer Nr. 1 und 2 zu bestellen.

Abendessen gab es erst um acht Uhr, so machten wir einen kleinen Spaziergang, um die beiden Burgen zu finden. Das Hotel liegt ein Stückchen weit den Hügel hinab; von der Hauptstraße aus sieht es freundlich und sauber aus, innen ist es ebenfalls sauber, dabei einfach und anspruchslos. Wir freuten uns, als wir die Karren und Lastwagen von Ochsen gezogen sahen wie in Gerolstein, aber es war ein Schock, in den Seitenstraßen Misthaufen an Misthaufen zu entdecken. Wir waren froh, zu hören, daß der fortschrittliche Bürgermeister von Manderscheid bemüht ist, diese unangenehmen Schaustücke aus seinem sonst so reizenden Städtchen zu entfernen.

Wir brauchten nicht nach dem Weg zu den zwei Burgen zu fragen. Wir wandten uns vom Hotel aus nach links, gingen an einigen malerischen Häusern vorbei in die erste Straße rechts; diese brachte uns hinter einigen hübschen Gärten in eine von Akazien gesäumte Straße. An deren Ende war ein Sitzplatz und gleich dabei mehrere einladende Wege mit Wegweisern. Nur einer zeigte an »Zur Oberburg«, und wir bogen sogleich in den engen Pfad rechts ein.

Wir können die Freude an diesem ersten Spaziergang nicht vergessen. Erst führte uns der Weg über einem Wäldchen entlang, in dem rechts der steilste der schmalen Pfade durch die Bäume abwärts lief. Wir nahmen uns vor, eines Tages diesen Waldweg auszuprobieren, aber jetzt mußten wir zum Tempelchen gehen, von dem aus wir einen Überblick haben sollten und den Weg zur Oberburg finden würden. Sehr bald erhob sich der Grund in einer steilen Böschung, die schroff bis zum Boden der Schlucht abfiel; oben stand der kleine Tempel.

Wir hatten schon etwas Schönes erwartet, aber nicht solch ein außergewöhnliches Bild, wie es sich uns in seinem schönsten Augenblick, bei einem glühenden Sonnenuntergang, darbot. Unter uns lag eine tiefe gewundene Schlucht, mit den verschiedensten Bäumen und Büschen begrünt; graue Felsen schauten zwischen ihnen heraus; in ihrer Mitte erhob sich ein unregelmäßiger Schieferfelsen zu ziemlicher Höhe über der glitzernden Lieser. Diese fließt ganz um den Felsen herum und auch um beide Burgen, sodaß man manchmal zwei Ströme zu sehen glaubt. Auf allen Seiten wucherten Wildblumen und Farne.

Rechts, am fernen Ende der Schlucht, erhob sich der Turm der Niederburg. Auf einem Schieferhügel erbaut und umgeben von Ruinen, liegt er hoch über seinem kleinen Dorf und der steinernen Brücke über die Lieser. Links am anderen Ende der Schlucht, aber durch die Lieser von ihr getrennt, sahen wir den Wachtturm der Oberburg; ihr steiler Hügel hebt sich schroff über den Fluß. Sie ist die ältere der beiden Burgen der Grafen von Manderscheid. Der Turm glühte an diesem Abend purpurfarben, weit über seiner Nachbarruine. In dem strahlenden Abendlicht waren seine näheren Teile tiefbraun und gelb, während der untere Teil schon im Schatten lag, die Licht- und Schattenwirkung war perfekt. Das Bild glich mehr einem Traum als der Wirklichkeit.

Wir blieben vierzehn Tage in Manderscheid und sahen die Schlucht fast jeden Tag, aber unseren ersten Eindruck von ihrer überwältigenden Schönheit konnten wir nicht vergessen. Von diesem reizenden Fleck kann man wahrlich sagen: »Ein schönes Ding ist eine Freude für immer.«

Es war ein recht unsicheres Gehen, einmal hinauf, einmal

hinunter, den Kammweg entlang zur Oberburg; der Pfad war so schmal und der Abhang an beiden Seiten so steil. Links kamen wir an einem verlockenden Weg vorbei; er war in die Hügelseite geschnitten und führte zur Lieser hinunter, die auf beiden Seiten der Oberburg fließt. Uns führte unser Pfad nun ein wenig abwärts, und dann brachten uns fünf Minuten steiles Klettern durch Reste von zerstörten Mauern und Befestigungen zur Burg selbst.

Beim Klettern vergaßen wir den steilen Weg über dem Reiz der dauernd wechselnden Aussicht und über der Schönheit der wilden Blumen. Die verschiedenen Glockenblumen erinnerten uns an die Schweiz; auch war da eine Menge verschiedener Sedumarten, von denen wir eine große, dunkelrote Art nicht oft gefunden hatten; auch die liebliche Euphorbia war da, die wir in Gerolstein gesehen hatten. Die wilden Nelken waren fast verblüht, aber wir fanden einige verschiedene Abarten. Ich muß auch sagen, daß bei unseren Morgenspaziergängen die vielen verschiedenen Schmetterlinge uns immer wieder entzückten.

Die zwei Burgen von Manderscheid

Gerade unter dem Mittelturm der Oberburg ist ein willkommener Sitzplatz - der Turm ist so ziemlich alles, was von der Oberburg übriggeblieben ist, seit die Franzosen sie am Ende des vorigen Jahrhunderts beschossen haben; das war eine höchst böswillige Zerstörung. Die Lage der Burg muß sehr stark gewesen sein, denn sie steht auf einem fast unzugänglichen Fleck des Schieferfelsens und beherrscht die ganze Länge der Schlucht. Hinter ihr ist der Abfall zum Fluß so steil, daß wir später, als wir von unten hinaufblickten, den Turm hinter den Bäumen nicht sehen konnten.

Als wir das grüne Tal nach Nieder-Manderscheid hinunterblickten, schien es sonderbar, daß zwei so imposante Festungen so nahe beieinander gebaut worden waren.

Die Oberburg stand schon im achten Jahrhundert. Im zwölften Jahrhundert gehörte der Platz dem Erzbischof von Trier, der die Niederburg hinzufügte und alles stark befestigte.

Die Überlieferung am Ort hat etwas Interessanteres zu erzählen.

Es heißt, daß Anfang des zwölften Jahrhunderts beide Burgen einem Grafen von Manderscheid gehörten. Nach seinem Tode teilten seine beiden Söhne Walter und Richard die Grafschaft zwischen sich; Walter als Ältester nahm die Oberburg mit deren Herrschaft über die Stadt Manderscheid, während Richard die Niederburg und ein gutes Teil des benachbarten Landes bekam.

Die beiden Brüder konnten sich über die Aufteilung des Landbesitzes nicht einigen; dauernd stritten und zankten sie, trotz der Bitten ihrer Mutter, doch Frieden zu halten. Der Streit endete schließlich in einem Kampf. Eines Tages wollte Walter mit einigen seiner Nachbarn zum Kampf ausziehen; er ging, um nach seinem Kettenpanzer zu sehen, der an der Wand hing, um zu prüfen, ob er zum Gebrauch fertig war. Eine Katze war darin versteckt, sprang heraus und zerkratzte dem jungen Grafen schrecklich das Gesicht. Nun hatte Walter von Kind an Katzen gehaßt und sie für die abstoßendsten Geschöpfe auf Erden gehalten: er hatte nie erlaubt, daß eine Katze in der Burg lebte. Da aber niemand als sein Bruder wußte, wie groß seine Abneigung war, glaubte Walter, dieser habe ihm den Streich gespielt und die Katze in seiner Rüstung verbergen lassen. Walter schwor bei seinem Schwert, daß er diese Beleidigung gerächt haben wollte; er redete sich ein, daß sein Bruder das getan habe, um ihn zum Angriff gegen die Niederburg zu reizen.

Walter war entschlossen, in diesem Kampf der Sieger zu sein; deshalb bot er dem Erzbischof von Trier Burg und Land und versprach, sein Lehnsmann zu werden, falls der Erzbischof ihm in diesem unnatürlichen Streit helfen würde.

Richard von der Niederburg war sich bewußt, daß er gegen ein solches Bündnis nicht bestehen konnte, folgte dem Beispiel seines Bruders und suchte die Unterstützung des Grafen Heinrich von Luxemburg, der mit dem Erzbischof schon im Krieg lag.

Und aus diesem kindischen Grund wurde das liebliche, friedvolle Tal über Jahre hinweg ein Schlachtfeld; Manderscheid mit dem Land in seiner Umgebung wurde in eine Folge blutiger Schlachten gestürzt.

Der Graf von Luxemburg verwüstete bald das ganze Erzbistum. Wittlich zerstörte er ganz, aber als er sich der prächtigen Abtei Himmerod näherte, griff Erzbischof Albero ihn an und schlug ihn und seine Mannen in die Flucht. Währenddessen ging der Kampf zwischen den beiden Brüdern immer weiter; nach einer langen Belagerung stürmte und eroberte Richard die Oberburg, aber Erzbischof Albero kam zur Hilfe, nahm die Burg wieder ein und hielt sie in Besitz.

Als Albero starb, erlahmte das Streiten zwischen den Brüdern, und ihre Mutter brachte eine Versöhnung zwischen ihnen zustande; aber die Erinnerung an diesen schrecklichen Hader bleibt im Tal bestehen.

Das Schreien und Stöhnen verwundeter und sterbender Männer soll bei Nacht gehört werden, wenn es von dem lieblichen Schauplatz der Tragödie aufsteigt. Auch das Schreien einer Katze soll deutlich zu hören sein; nach der Menge von Katzen, die bei Tage die Gegend beleben, ist zumindest diese letzte Legende leicht zu glauben.

In späteren Jahren haben äußere Einflüsse den Niedergang vollendet, den die schlimmen Leidenschaften der Manderscheider Brüder begonnen hatten Die Burgen haben mehrfach gebrannt und unter den Stürmen des dreißigjährigen Krieges gelitten, aber die endgültige Zerstörung der Oberburg haben die Franzosen vollbracht, die sie von den gegenüber liegenden Höhen aus bombardierten.

Es war sehr angenehm, vor diesem rautenförmigen Bergfried zu sitzen und auf die schönfarbige Niederburg, auf das doppelte Tal der Lieser und die baumbestandenen Hügel ringsherum zu sehen. Die Mauern der Oberburg sind etwa sieben Fuß dick.

Als wir langsam die Hauptstraße zurückgingen, bemerkten wir eine malerische Gruppe von Frauen und Mädchen rund um den Dorfbrunnen. Sie hatten ihre Eimer neben sich, aber offensichtlich hielten sie gerade ein Schwätzchen, während einige sanftäugige Ochsen daneben ihren Durst in dem steinernen Wassertrog stillten.

Manderscheid: An der Pumpe

Nahe dabei war des Apothekers Haus, neben unserem Hotel; auf seiner Bank oben auf der Haustreppe saß der hagere Apotheker nach seinem Tagewerk, mit einer Samtkappe und seiner langen Pfeife; seine runde, behaglich aussehende Frau saß neben ihm.

Am anderen Morgen war der Sonnenschein so strahlend, daß wir ganz froh waren über den Schatten einer Aristolochia, die über die Veranda im Hotelgarten wuchs. Eine angenehme, kleine Gesellschaft wohnte im Hotel; Männer und Frauen und ihre Kinder, dazu zwei einzelne Damen aus Berlin und Dresden; bald waren wir mit ihnen in Kontakt, obwohl nur zwei von ihnen Englisch sprachen. Ganz früh am Morgen, ehe die Herren erschienen, bürsteten die beiden älteren Damen auf den langen Gartentischen die staubigen Anzüge und Mäntel, die am vorigen Tage getragen worden waren: sie erklärten mir, daß es so viel gesünder sei, es draußen im Freien zu tun, und daß es unbedingt notwendig war, wenn das Wetter trocken und staubig war.

Alle waren sie voller Freundlichkeit uns gegenüber, viel freundlicher, als wir vorher Deutsche auf unseren Reisen gefunden hatten. Nur der große, joviale, alte Professor rauchte im Speisesaal, und zwar nach dem Frühstück, aber da er während dieses Mahls an einem anderen Tisch saß, störte uns der Rauch nicht. Die anderen Herren rauchten im Garten. Unsere deutschen Freunde konnten nicht verstehen, wie wir solch lange Morgenspaziergänge machen konnten; sie zogen es vor, im Garten zu sitzen und erst am späten Nachmittag den Wald in der Nähe aufzusuchen, oder in der Mooshütte oder einem anderen Sommerhaus mit schöner Aussicht zu sitzen, oder auch durch den Wald nach Niedermanderscheid in den Teegarten zu gehen, wenn die Musik dort spielte, während wir durch die Ruinen kletterten oder Ausflüge in die schöne Umgebung von Manderscheid machten. Wir konnten fast immer irgendwo Schatten finden, und die reine Luft war sehr stärkend.

Bald fanden wir unseren Weg den Pfad hinunter, den wir am ersten Abend gesehen hatten, ehe wir die Oberburg erreichten. Zuerst gingen wir hinter der Kirche durch und in den wunderbar gelegenen Kirchhof, mit schönem Blick auf die Schlucht und die Burgen, und dann fanden wir unseren Weg den Pfad hinunter bis zur Lieser. Es war ein reizender Spaziergang: zur Linken senkte sich das dicht bewaldete Ufer steil in den Fluß, rechts erhob sich der schiefrige Felsen, gekrönt von Bäumen und dicht mit Unterholz bewachsen, während unten Blumen und Kräuter wucherten.

Auf halber Höhe, wo die Bäume am dichtesten standen, hatten wir gerade den empfindlichen Blasenfarn entdeckt und nahe dabei den Eichen- wie auch den Schildfarn, als wir ein Rascheln im Unterholz hörten und ein lautes Hundegebell. Plötzlich schoß eine blaßfarbene Tigerkatze rechts aus dem Busch und kreuzte nahe vor uns den Weg. Hinter ihr kamen ein großer Pointer und ein brauner Dachshund in vollem Lauf. Die Katze rannte gleich unterhalb des Weges auf einen Baum, und die Hunde stürzten hin und bellten wild um den Stamm. Wir riefen sie ab, aber sie achteten nicht darauf; während wir noch standen und das arme Kätzchen bemitleideten, kam ein sehr netter junger Bursche schnell den Pfad hinunter. Einer von uns bat ihn, seine Hunde wegzurufen, aber er sagte, die Katze sei ein Wilderer.

»Sie sollte getötet werden,« fuhr er fort. »Sie stiehlt Vogeleier und Junghasen, aber,« fügte er in ärgerlichem Ton hinzu, »wenn die Dame nicht möchte, daß sie getötet wird, werde ich meine Hunde abrufen.«

Wir hatten über die Katzensage von Manderscheid gesprochen, und dies Zusammentreffen kam uns unheimlich vor; wir merkten auch, daß alle Katzen rund um die Burg die gleiche, blaßgraue Farbe hatten. Konnten sie Abkömmlinge jener bösen Katze sein, der Auslöserin des Haders im Tal?

Der Weg wurde immer schöner, während er uns an den Fluß heranführte. Der Hügelkamm über dem Strom wuchs, bis er einen düsteren Schatten über das Wasser warf; ein breiter Streifen ebenen Rasens lag zwischen dem Wasser und unserem Pfad, dabei erhoben sich Schieferblöcke mal vor oder hinter, mal neben uns, bis der Pfad manchmal kaum mehr als einen Fuß breit war.

Plötzlich blitzte es blau-grün auf - ein Eisvogel flog das gegenüberliegende Ufer entlang, kaum gesehen und schon verschwunden. Mein Begleiter überquerte das Grün und blieb neben dem Fluß stehen; er wartete auf das Steigen einer Forelle oder eines Weißfisches, mit denen, wie wir gehört hatten, die Lieser reichlich bestückt war. Während ich auf ihn wartete, etwas verdeckt von dem dichten Laubwerk, erspähte ich ein schönes, leuchtend rotes Eichhörnchen, es purzelte fast über das Gras, als ob sein übergroßer Schwanz es aus dem Gleichgewicht brächte.

Der zarte, grüne Frauenhaarfarn, der im Schieferfels wurzelte, kam mir leuchtender vor, als ich ihn je gesehen hatte; darüber türmten sich die hohen Felsen im Rücken der Oberburg, während man die Ruinen selbst von diesem Punkt aus nicht sehen konnte. Vergeblich suchten wir einen Pfad zum Gipfel der Felsen. Sicherlich hätte man zwischen den dicht wachsenden Bäumen einen Weg hinauf finden können, aber der Abend fiel schnell ein, und da wir fürchteten, zum Abendessen zu spät zu kommen, gingen wir fast den gleichen Weg wieder zurück. Ehe wir das reizende Tal verließen, hatten wir einige geschützte Plätze gefunden, wo man in den tiefen, klaren Tümpeln unter den Felsblöcken baden konnte.

Kurz nach unserer Ankunft gingen wir an einem schönen Morgen zu dem kleinen Weiler Niedermanderscheid auf der anderen Seite der Lieser. Hätten wir Bescheid gewußt, hätten wir die Strecke kürzer über einen steilen, aber sehr malerischen und gewundenen Weg unterwegs zum Tempelchen genommen; so aber gingen wir zu der Gruppe Wegweiser und wählten die untere Straße mit der Bezeichnung »Zum Belvedere«. Diese brachte uns zum Ende der Schlucht, am weitesten von der Oberburg entfernt. Zur Rechten hatten wir eine schöne Mauer mit wilden Blumen entdeckt, links lag ein steiler Waldstreifen, der die tiefere Straße nach Nieder-Manderscheid begrenzte.

Wir hätten den Weg leicht abkürzen können, denn es führte ein Pfad zwischen den Bäumen hinunter, aber wir hatten einen langen Spaziergang vor uns, und der Tag war sehr warm. Am Ende unserer Straße mußten wir sozusagen auf tieferem Niveau unseren Weg zurückmachen. Aber wir waren froh darüber, denn der Blick auf den Fluß und die beiden Burgen, zuerst zwischen den Bäumen hindurch und näher an der Brücke in voller Breite, war entzückend. Für einen ersten Eindruck von der Schlucht ist der Blick von dieser Seite tatsächlich schöner und umfassender als vom Tempelchen aus.

Die verstreuten Hütten von Nieder-Manderscheid liegen am Fuß einer felsigen Höhe; der Fluß unter der malerischen Brücke hat ein breites, frisches Grasufer; über Dorf und Brücke erhebt sich die Ruine des Grafen Richard - die Niederburg. Man kann nicht ausmachen, wo die Burgmauern enden und der Fels beginnt, so gleich erscheinen sie in ihrer starken Farbe mit gelben Flecken von Flechten. Der höchste Punkt ist der massive Bergfried, um den die Befestigungen noch ausgemacht werden können. Darunter streckt sich eine hohe Zwischenwand mit einem massiven Rundturm am Ende. Unterhalb findet sich wieder eine Zwischenwand, diese durchbrochen durch kleine Fenster mit Holzrahmen und noch einem Rundturm an dem Ende, das den Fluß überragt. Darunter läuft noch eine Rundmauer, aber diese ist nur halb so hoch wie die anderen. Neben den gewundenen Pfaden, die zum Klettern zwischen den Ruinen verlocken, steht eine Fülle von wilden Blumen. Bäume wachsen auf dem Turm und auf den zerfallenden Mauern; die zerstörte Festung und ihre Umgebung sind halb verborgen unter Bäumen und Büschen. Die steilen, baumbedeckten Felsen auf den Seiten der Schlucht zeigen hin und wieder schroffe und mit Flechten bewachsene Vorsprünge zwischen dem Laubwerk, bis schließlich, so wie das Auge das Tal hinauf verfolgt, die Seiten zusammenzuwachsen scheinen; und da türmt sich hocham fernsten Ende die Oberburg auf mit ihren wenigen Ruinenresten.

Tief im Tal verläuft die Lieser mit einem breiten Wiesenufer an beiden Seiten. Hier vorne rechts, direkt unter der Niederburg ist das Wasser in einen schmalen Kanal gelenkt und treibt

Die Niederburg von Manderscheid

eine Wollmühle; diese liegt links des alten Torweges, durch den die Straße zum Belvedere und nach Gillenfeld läuft.

Wir hatten uns das Belvedere für heute vorgenommen, und deshalb keine Zeit, die Niederburg zu durchforschen. Nach einem langen Blick das Tal hinauf und zum weit entfernten

Turm der Oberburg, der das Bild krönte, gingen wir durch das kleine Dorf. Kurz darauf stiegen wir links einen Hügel hinauf. Dabei brannte die Sonne zuerst sehr stark, aber bald erreichten wir einen angenehmen schattigen Weg, von dem aus wir dann und wann großartige Ausblicke hatten. Auf einer Bank mit schöner Aussicht ruhten wir uns kurz aus. Dann kamen wir zu einem immer aufsteigenden, gewundenen Pfad im Schatten der kleinen Bäume, die hier den Abhang dicht bedeckten, und dieser führte uns schnell zum Belvedere.

Hier ist die Aussicht tatsächlich herrlich; beim Aufsteigen hatte sich der Weg dauernd gewendet, und nun war die Stellung der Burgen zueinander umgekehrt.

Wir sahen auf die Oberburg hinab, von der wir durch eine tiefe Windung des Liesertales getrennt waren; in tieferer Lage war die Niederburg, während der schlängelnde Fluß, seine geschwungenen Täler und waldigen Höhen in der Glut der Sonne wie ein ewig wandernder Goldstrom blinkten. Dahinter lag weit ausgebreitet die Landschaft, und Manderscheid mit seiner weißen Kirche und den Häusern zur Rechten vervollständigte die liebliche Szene.

Am Belvedere steht eine kreisrunde Hütte mit Sitzplätzen, und davor, gerade am schönsten Punkt, ein Säulenstück aus der römischen Villa am Mosenberg. Es trägt eine Inschrift mit dem Inhalt, daß der Kaiser Wilhelm I. dort gewesen ist, und zwar 1833, als er Kronprinz von Preußen war. Er liebte Manderscheid sehr und besuchte es mehrfach. Pflichtgemäß lasen wir die Inschrift, die besagte, wie sehr der Kaiser diesen Blick genossen hatte. Er nannte ihn »die schönste Landschaft des Rheinlandes«. Und dann begannen wir unseren Rückweg auf dem Pfad, der auf dem einen Wegweiser als »steil« bezeichnet war. Eigentlich wollten wir den anderen versuchen, aber zwei höfliche deutsche Herren, die auch die Aussicht bewunderten, versicherten uns, daß der »steile« Pfad bei weitem der beste sei.

Eine ganze Weile war der Abstieg leicht, aber plötzlich endete der Pfad mit einem schroffen Abhang; offenbar war da ein kleiner Erdrutsch niedergegangen, und für mich war die einzige Möglichkeit, mich auf die abgebrochene Kante niederzulassen und mit Hilfe meines Begleiters auf den festen Grund unten fallen zu lassen. Schließlich kamen wir zu der Holzbrücke, die wir am Vorabend passiert hatten, als wir am Fluß unter der Oberburg gewandert waren.

Selbst nach vierzehn glücklichen Tagen in Manderscheid waren wir der vielen reizenden Streifzüge in den steilen Wäldern und durch die alten Burgruinen nicht müde geworden. Wir bedauerten sehr, daß wir keine Zeit hatten, die Ruinen der Heidenburg zu durchforschen, die man durch das Liesertal und seine Wälder erreichen kann. Zwei unserer bevorzugten Waldwege müssen wir doch besonders erwähnen: den Weg zu Paulas Ruh und den durch das Constantinswäldchen an der Mooshütte vorbei zum Weiher, tief unten im Liesertal. Der Teich, genannt »Der Weiher«, soll ein Badeplatz sein; aber als wir dort waren, war er viel zu schmutzig und voller Wasserpflanzen. Der Weg durch die langsam abfallenden Waldwege und seine malerische Einsamkeit, der stille Teich voller Wasserpflanzen inmitten von Bäumen und von Schilf umgeben, sind wirklich sehr eindrucksvoll.

Man kann viel besser baden, wenn man unterhalb des Kirchhofs in die Schlucht hinuntergeht, zu einem Platz, der »Idas Lust« genannt wird; am Fuß des gewundenen Pfades, der von hier durch den Wald zum Fluß führt, liegt ein verlockendes Rasenplätzchen; der Fleck ist ruhig und am frühen Morgen und am Abend ganz ungestört, dort ist ein großartiger Badeplatz. Eines Tages ruhte ich auf der Bank an »Idas Lust«, da kam eine Schar Kinder aus dem Wald, mit Wärterinnen, die Handtücher trugen, offenbar kamen sie vom Baden an diesem angenehmen Platz.

Wir besuchten den Bürgermeister von Manderscheid und fanden ihn sehr gefällig und höflich. Er ist recht belesen, ein Altertumssammler und Archäologe, und er zeigte sich sehr beschlagen in der Geschichte von Manderscheid und seiner Umgebung. Er schreibt auch sehr hübsch; er beschenkte uns mit einer seiner Erzählungen, die er der Kölnischen Zeitung geliefert hatte, »Das Grab im Schnee«. Das ist die wahre Geschichte eines armen Mannes, der bei der Rückkehr von der Arbeit in der Schlucht in einem Schneesturm umkam; das war in dem schrecklichen Winter von 94-95. Der Bürgermeister verkauft seine Schriften zum Wohle der Armen von Manderscheid, und diese Erzählung allein hat für die verlassene Witwe und ihre Tochter neunzehntausend Mark erbracht. Herr Theilen hat auch eine interessante, kleine Abhandlung über Manderscheid verfaßt, die er auch zum Wohl der Armen vertreibt. Er soll ein ausgezeichneter Beamter sein und außerdem im besten Einvernehmen mit der Bevölkerung; oft sahen wir seine große, gutgebaute Gestalt, wenn wir durch die Dorfstraßen gingen, und meist war er von einem der Bauern begleitet. Sein wohlwollendes, gutgeschnittenes Gesicht war immer voller Sympathie für die Mitteilung, der er zuhörte.

Die Manderscheider scheinen fröhliche Leute zu sein; sie sind gefällig den Fremden gegenüber und korrekt im Umgang, aber sie sind sehr arm. Wenn man das von Lava durchzogene Land und die Menge von unfruchtbarem Fels in der Umgebung sieht, kann man leicht daraus schließen, daß die Gegend eher den Urlauber erfreut als den Bauern oder Landwirt, der von seinen Erträgen zu leben sucht.

Herr Theilen berichtete uns, daß in und um Manderscheid mancherlei Altertümer gefunden worden sind. Er nahm uns freundlicherweise mit in sein Wohnzimmer, wo er uns einige Kuriositäten zeigte. Auch zeigte er uns einige Bilder; eins davon war ein Porträt der letzten Gräfin von Manderscheid. Er sagte, das genaue Gründungsjahr des Ortes sei nicht bekannt. Im Jahr 893 belehnte der Kaiser Arnulph einen Grafen Matfried aus der Familie von Hennegau mit der Grafschaft und der Burg von Manderscheid. Dieser Matfried scheint der Vorvater der nachfolgenden Grafen gewesen zu sein. Sein Nachfolger Wilhelm I. erbaute wahrscheinlich die Niederburg. In einem Edikt Kaiser Ottos von 974 ist Burg und Herrschaft von Manderscheid erwähnt.

Wir haben in der Legende schon erzählt, wie die Burgen zwischen den beiden Brüdern Walter und Richard geteilt wurden. Des Bürgermeisters kleines Buch, dem wir einige Teile unserer Kenntnisse verdanken, berichtet, daß sie die Grafschaft in der folgenden Weise teilten: Walter nahm die Stadt und einige andere Besitztümer als sein Teil; und Richard nahm die Höfe von Neuenhof bei Buchholz, das Feld von Dierfeld und sechs Dörfer, ebenso wie die Hälfte der Erträge und Dienste, die der Herrschaft zustanden; diese Dörfer existieren noch und tragen noch den Namen »Grafschaft«. Das Kirchdorf der »Grafschaft« war Laufeld, dort fand sich die Pfarrkirche und der Friedhof. Im Jahr 1858 wurde die Kirche von Laufeld abgerissen, und dabei wurden die Gräber der Grafen von Manderscheid entdeckt.

Es würde zuviel Raum einnehmen, die Schicksale und die Geschichte dieser Grafen zu erzählen, obwohl sie bemerkenswerte Männer gewesen sein müssen. Einer von ihnen, Ulrich, Dechant der Kölner Domkirche, war zum Erzbischof von Trier ernannt worden, wurde aber hartnäckig von einem anderen Bewerber, Raban von Helmstadt, bekämpft. Ulrich aber belagerte Trier ein ganzes Jahr lang, ehe er seinen Anspruch auf das Amt aufgeben wollte. Dietrich der Zweite, der Bruder Ulrichs, ragt aus der Reihe der Grafen weit hervor, nicht allein wegen seines Mutes und seines weit verbreiteten, guten Rufes, sondern für eine im Mittelalter recht seltene Gabe, nämlich seine Einsicht und richtige Beurteilung. Er folgte seinem Vater, Dietrich dem Ersten, im Jahr 1426. Er war der große Friedensstifter seiner Generation, obwohl er seinem Bruder Ulrich sowohl mit Geld wie auch mit Truppen bei seiner Belagerung Triers half.

In Dietrichs Tagen lebte am Ufer der Mosel, nahe dem Dörfchen Kues, ein armer Fischerjunge namens Nicholas Krebs. Des Knaben versonnenes, träumerisches Wesen ärgerten seinen schwerfälligen, mühselig sich fortbringenden Vater; um die Wahrheit zu sagen, Nicholas verabscheute das Fischen, er hatte gelernt zu lesen und verlangte danach, noch mehr zu lernen. Eines Tages, als er mit seinem Vater im Boot saß, ärgerte seine Unlust den Vater so sehr, daß dieser ihm einen heftigen Schlag versetzte und ihn über Bord warf. Der arme Junge schwamm an Land. Er hatte vom Grafen Dietrich gehört, dessen Ruf das Land umher erfüllte, fand seinen Weg zu Fuß zur Burg von Manderscheid und bat um Gehör beim Grafen. Dietrich hörte die Bittenden immer selbst an; die Klugheit des Jungen beeindruckte ihn, und er war angerührt von seinem Verlangen nach Belehrung. Zuerst gab ihn der Graf in die Obhut des Burgkaplans; schließlich sandte er ihn in eine geistliche Schule nach Deventer, in die Stadt, wo einige Jahre später Erasmus seine Erziehung begann. Nicholas Krebs wurde schnell durch seinen Unterricht gefördert; bald wurde er Priester, dann ein Bischof, und schließlich der hochgelehrte Kardinal Cusanus. Er vergaß seinen Geburtsort nicht; er gründete und förderte das reiche Hospital, das heute noch in Cues gegenüber Bernkastel an der Mosel besteht. Diese Gruppe von Gebäuden unterhalb der Burg Landshut verdankt ihre Entstehung dem Fischerknaben Nicholas Krebs, dessen Herz unter einer Bronzeplatte in der Kapelle begraben ist. Die Kapelle enthält auch das schöne Grabmal des Johann von Neuburg aus dem sechzehnten Jahrhundert. Nikolaus Cusanus vermachte seine Bücherei, die viele seltene Werke enthielt, dem Hospital, und stattete es auch mit Land aus, das jetzt einen reichen Ertrag bringt, da es großenteils mit Mosel-Weinbergen bedeckt ist. Denn ganz in der Nähe wachsen die Trauben, aus denen Brauneberger, Josefshofer und andere Graacher Weine hergestellt werden. Die Zeltinger und Wiltinger Weinberge, ebenso Piesporter und Neuburger und die berühmten Weine Bernkasteler Doktor sind alle in der Nachbarschaft.

Der Kardinal behielt seine Dankesschuld an Manderscheid im Gedächtnis, und als er sein Hospital für eine gewisse Anzahl von Geistlichen und verarmten Edelleuten gründete, legte er fest, daß der Graf von Manderscheid das Recht haben sollte, sechs Edelleute, die kein Vermögen mehr hatten, als Insassen zu benennen.

Nach Lutzerath führen von Manderscheid zwei Wege; einer, der beste und interessanteste, ist über Gillenfeld und das Pulvermaar; der andere führt durch die Wälder zum Dorf Scheidweiler.

Hierüber gibt es folgende geheimnisvolle Legende:

Peter, der Strohschneider

Zur Zeit des Dreißigjährigen Krieges, als Deutschland voller schwedischer Soldaten war, lebte in der Mühle von Scheidweiler, nicht weit von Manderscheid, ein junger Mensch, den man Peter den Strohschneider nannte. Peter wußte soviel mehr als seine Gesellen und arbeitete soviel schneller bei allem, was er zur Hand nahm, daß sonderbare Gerüchte über ihn umliefen; es wurde sogar gesagt, er sei mit dem Bösen im Bunde, und daß er des Nachts zum Hexentanzplatz auf der wilden Heide reite; andere sagten sogar, er sei eine Verkörperung von Satan selbst, aber bis jetzt hatte noch niemand seinen Pferdefuß gesehen oder ihn bei einer Missetat ertappt.

Der Müller, ein fröhlicher gutmütiger Bursche, lachte über dies Geschwätz und gab nichts auf die Warnungen seiner Nachbarn.

»Kümmert Euch um Eure eigenen Sachen, gute Freunde«, antwortete er; »seit Peter in die Mühle gekommen ist, geht bei mir alles wohl; und warum? Weil er ein schlauer und geschickter Arbeiter ist, in jeder Weise besser als die, die ich vorher hatte; ja, er arbeitet für zwei!«

Aber die Nachbarn wußten es natürlich besser und fuhren fort, ihre Winke über dies, das und jenes dem Müller ins Ohr zu flüstern; sie drängten ihn sogar, Peter fortzuschicken, ehe noch Schlimmeres geschehe.

Darauf antwortete der Müller recht kurz angebunden:

»Peter paßt mir; und sollte er Gefallen an meiner Tochter finden und Lisbeth an ihm, ist er mir als Schwiegersohn gerade recht.«

Die schöne Lisbeth aber beachtete Peter nicht; wie alle Nachbarn hatte sie eine geheime Furcht vor ihm, und sah nicht oder wollte nicht sehen, daß er ihr wie ein getreuer Hund überall nachging und ihrem kleinsten Wunsch zuvorzukommen suchte.

Scheidweiler war ein verschlafenes Nest, und niemand vermutete, daß die Schweden schon in der Nachbarschaft angekommen waren. Eines Tages, als Lisbeth und ihre zwei Mägde allein in der Mühle waren, erschreckte sie das plötzliche Erscheinen eines fremden Soldaten. Die Mädchen schrien laut auf, und ihre Angst wurde nicht viel geringer, als der Soldat mit einem rohen Lachen und in schrecklichem Deutsch sagte: »Behandelt mich gastfreundlich, Mädchen, und Ihr habt nichts zu fürchten; ich bin ein Freund aller hübschen Mädchen; aber gerade jetzt bin ich auch hungrig und durstig dazu.«

Lisbeth wirtschaftete herum; sie ließ ein Mädchen eine herzhafte Mahlzeit und einen großen Krug Bier vor dem Soldaten auftischen, aber sie blinzelte dem anderen Mädchen bedeutsam zu und bat sie leise, so schnell wie möglich ein paar Männer von der Feldarbeit herbeizuholen. Dann wartete die Müllerstochter mit lächelndem Gesicht, aber einem angstvollen Herzen, auf die Rückkehr ihrer Botin.

So lange Essen und Trinken vor ihm stand, war der Räuber still genug, aber als er den Bierkrug geleert hatte, nachdem er zweimal nachgefüllt, und der letzte Bissen vertilgt worden war, wurde er dreist, und sein Benehmen so frech, daß Lisbeth ihn scharf zurechtwies; sehr bald aber mußte sie von einer Ecke des Zimmers in die andere rennen wie ein gehetztes Tier, um den Küssen des Schweden zu entrinnen. Zuletzt versagten ihre Kräfte, er hatte sie beim Arm gepackt und versuchte, einen Kuß zu erhaschen, als plötzlich ein eiserner Griff an seinem Rockkragen ihn so mächtig zurückwarf, daß seine Beine unter ihm nachgaben wie die einer Gliederpuppe.

Der Erretter war Peter der Strohschneider. Im Augenblick, als er die Nachricht seiner geliebten Lisbeth vernommen hatte, stürmte er in höchster Eile zur Mühle; er erreichte sie gerade rechtzeitig, um sie vor dem Kuß des Schweden zu bewahren.

»Warte nur ein bißchen, Du feiger Schwede; ich will Dich davon kurieren, ein deutsches Mädchen gegen seinen Willen zu küssen,« schrie er, während er den kleinen Soldaten schüttelte, als ob er ihn zerbrechen wollte.

Der Schwede wand sich und schrie auf, er kämpfte, so gut er konnte, aber Peter achtete nicht auf sein Schreien und Sträuben, und ehe der arme Wicht wußte, was geschah, hatte Peter ihn auf seine Werkbank gehoben und ihm beide Ohren mit seinem Häckselmesser gespalten.

»Du bist nun gezeichnet, Mann,« rief Peter und ließ seinen Gefangenen gehen. »Lauf davon und zeig Deinen Kameraden, wie wir dreiste Burschen in Scheidweiler behandeln.«

Der Schwede rannte davon, so schnell er konnte, aber sobald er sich außerhalb von Peters Reichweite glaubte, kreischte er wütend:

»Wir treffen uns wieder, deutscher Hund; und nächstes Mal komme ich nicht allein: das ganze Dorf soll mit Dir büßen.«

Peter lachte laut.

»Bring nur hunderttausend Feiglinge wie Dich; Du wirst uns mehr als bereit für Euch finden.«

Inzwischen war ein Häufchen Männer und Burschen, angeführt von dem stämmigen Müller, nach Scheidweiler zurückgekehrt; die letzten Sätze hatten sie mitgehört und fingen an, Peter die bittersten Vorwürfe zu machen.

»Die Schweden werden über uns sein, ehe wir es uns versehen, und das dank Dir,« sagten sie.

»Und was macht das schon, wenn sie kommen?« antwortete Peter. »Ich schicke sie schon wieder davon.«

»Wie willst Du das machen? Mit Deinen großen Worten, wie?« hetzte ein anderer Bauer.

»Ja, so, wie soll ich es machen?« Dann setzte Peter mit gerunzelter Stirn hinzu; »Habt Ihr nicht seit langer Zeit im Stillen darüber geflüstert, daß mit Peter irgend etwas nicht in Ordnung ist, weil ich mehr kann und mehr tue als irgendeiner von Euch? Habt Ihr nicht immer und immer den Meister gedrängt, mich zu entlassen? Ihm habt Ihr zu danken, daß noch kein Unglück geschehen ist; er ist es, der bis heute Euer Leben und Euer Gut bewahrt hat.«

Die Nachbarn sahen einander an und dann schrien sie,- -

»Prahler! Aufschneider! Sag uns doch, wie Du uns vor den Schweden bewahren willst.«

»Wartet, bis Ihr es seht; Ihr braucht nicht zu zweifeln; ich werde tun, was ich versprochen habe, und wenn es mich meine Seele kostet.«

Hastig ging Peter in die Mühle, und die Versammelten sahen einer den anderen voller Zweifel an. Dann wandten sie sich einmütig an Peters Herrn.

»Jetzt, Müller, jetzt mußt Du zugeben, daß der Bursche mit Satan im Bunde ist, er bekennt es ja selbst.«

Aber der Müller beachtete sie nicht.

Kostbare Zeit wurde verschwendet über Vorschlägen und dem Streit darüber, denn die Dörfler hatten nicht im Sinn, tatenlos in die Hände der Feinde zu fallen. Peters Versprechen hielten sie für eine leere Prahlerei; aber wie es oft in einer Notlage geschieht, Eigennutz ging jedem vor. Die Ratschlagenden konnten sich nicht auf einen Plan einigen, weil jeder an seiner eigenen Meinung festhielt. Zu einer Entscheidung waren sie noch nicht gekommen, als man einen lauten Schrei hörte und ein Junge in den Raum kam, in dem sie versammelt waren.

»Die Schweden - die Schweden sind über uns; in einer halben Stunde haben sie das Dorf erreicht.«

Die Ratsrunde löste sich schnell auf. Die Schlauesten unter den bestürzten Bauern fanden keinen anderen Ausweg, als zu heulen, so laut sie konnten;

»Peter, Peter, komm und hilf uns; die Schweden kommen.«

Peter ließ sie nicht lange warten, er erschien vor der erstaunten Menge mit einem dicken Strohbündel unter jedem Arm, die er zu seiner Häckselbank brachte.

»Schnell, schnell! Ihr hilflosen Tölpel«, schrie er, »bringt mir mehr Strohgarben.«

Ein Chor von Schmährufen antwortete, aber Furcht wie Verachtung klangen in den Stimmen der Männer.

»Bist Du verrückt, Peter? Ist jetzt die Zeit, Stroh zu schneiden, mit den Schweden sozusagen auf der Schwelle? Du verschwörst Dich, uns zu helfen! Halte Dein Versprechen, Mann; sag uns, was wir tun sollen.«

Die letzten Worte steigerten sich zu einem Schreckensschrei.

»Bringt mir mehr Stroh, sage ich Euch, und kümmert Euch um Eure eigenen Sachen,« sagte Peter ruhig.

Peter legte eins seiner Bündel auf die Häckselbank. Er raunte einige fremdklingende Wörter in einer unbekannten Sprache, dann begann er zu hacken.

»Klipp klapp, klipp klapp,« ging das Hackmesser durch das Stroh, und mit jedem Schlag sprang eine Schar wohlgerüsteter, gut bewaffneter Soldaten aufrecht von der Bank und stellte sich wortlos in Reihen auf.

Zuerst standen die Bauern in stillem Schrecken, bald aber faßten sie sich und eilten davon, mehr Stroh zu holen, damit der Zauberer, wie sie ihn nannten, mehr Soldaten schaffen konnte.

Peter hatte sein Hackmesser so schnell geschwungen, daß er ganz in Schweiß gebadet war; schließlich rief er: »Sicher sind es jetzt genug.«

»Oh, aber Peter,« riefen sie, »schneide uns doch zweitausend Reiter, damit wir Soldaten aller Art haben, dann werden die Schweden uns entsprechend fürchten.«

Kaum eine halbe Stunde später stand eine glänzende Armee zum Kampf bereit. Infanterie und Husaren, Ulanen und Dragoner, mehr als im Dorf Platz hatten. Führer und Offiziere fehlten nicht; Peter hatte nicht einmal die Musik vergessen.

»Gut! Gut! Jetzt haben wir viele,« schrien die Leute, «Hurra! es ist eine prächtige Armee!«

Sie waren nicht wenig stolz auf die so schnell beschaffte Menge.

»Es ist mein Heer,« sagte Peter, »und wenn es nicht groß genug ist, will ich noch einmal so viele schneiden.«

Gerade da rief ein Späher, daß die Schweden in Sicht seien. Da rief Peter: »Vorwärts, meine tapferen Soldaten, laßt Trompeten und Trommeln ertönen und schlagt diese Schweden in die Flucht.«

Die Musik stimmte einen Kriegsmarsch an, die Trompeten klangen, und die glänzenden Soldaten marschierten in geschlossenen Reihen gegen die vorrückenden Schweden. Der Feind war entgeistert beim Anblick solch einer starken Streitmacht; die Schweden waren nicht zum Kampf ausgerückt, sie hatten auf einen unblutigen Sieg und reiche Beute gesetzt. Im Ahrtal hatten sie die frischen Lippen der Eifelmädchen und den leckeren Moselwein gekostet; sie hatten geraubt und geplündert und ihre Taschen gefüllt; sie hatten das Land ausgesogen; ja, sie hatten eine feine Zeit gehabt, und sie wollten noch mehr davon haben, aber sie hatten keine Lust, gegen eine Armee, wie Peter sie hatte, zu kämpfen.

Deshalb gab der Schwedenführer den Befehl. »Rechts kehrt um! Vorwärts!«

Und sie zogen ab.

Als die Bauern den Rücken des Feindes sahen, jauchzten sie vor Freude. Sie schüttelten einander die Hände und klopften sich auf die Schultern; sie sagten: »Gut, gut, dem Himmel sei Dank!« Sie wußten kaum ihre Freude über ihre Errettung auszudrücken; aber in ihrem Glück vergaßen sie ihrem Retter zu danken; sie gratulierten Peter nicht einmal zu dem Erfolg, den er errungen hatte.

Schließlich erhob sich ein Gemurmel.

»Wahrhaftig, er hat sein Wort gehalten. Er hat die Schweden fortgejagt.«

»Aber er ist ein Zauberer und müßte verbrannt werden.«

»Am besten werden wir ihn schnell los.«

»Er mag dem Himmel danken, daß wir ihn so leicht davonkommen lassen. Richtig wäre es, wenn wir ihn binden und dem Gericht übergeben würden.«

»Hexerei und Zauber sollten bestraft werden.«

Und diese letzten Worte waren die lautesten.

Dann hörte man die Stimme des lustigen Müllers laut über allen anderen.

»Ruhig, alle miteinander! Wie wollt Ihr Peter belohnen dafür, daß er uns vor den Schweden gerettet hat? Nicht nur Euer Leben, sondern auch Euren Besitz und das Vieh. Ich sage: Peter soll in Scheidweiler bleiben, und er soll meine Lisbeth bekommen; und merkt Euch, wer von nun an ein mißgünstiges Wort oder einen schiefen Blick gegen Peter hat, der muß mit mir rechnen. So, und was tun wir nun mit Peters Soldaten?«

Er sah sich um, aber die Stroh-Armee war verschwunden.

Also blieb Peter in der Mühle. Ihm gehörte nun ein Teil davon, und bald blickte auch Lisbeth wohlgefällig auf ihn. Es dauerte nicht lange, daß sie ihn gern zum Ehemann nahm, denn der Kurfürst lobte Peter und sprach ihn von der Strafe für seine Zauberei frei, denn - so sagte der Fürst: »Peter hat seine Zauberkraft nur zum Guten seines Landes und seiner Nachbarn genutzt.«

Danach war Friede in Scheidweiler; die Bauern mußten zugeben, daß ein Mann mehr wissen konnte als sie und doch kein Schurke war, und es gab kein Kopfschütteln und Klatschen mehr über den Namen »Peter der Strohschneider«.

Aber niemand konnte sagen, was aus den Strohsoldaten geworden war.

5. Kapitel

Neumühle-Heidsmühle-Horngraben

THE fishing at Manderscheid used to be excellent; at least we had been told so in England by those who had fished in its waters; but when we were there it was disappointing.

Die Angelmöglichkeiten in Manderscheid waren ausgezeichnet; jedenfalls hatten uns das die Engländer erzählt, die in seinem Wasser gefischt hatten; aber als wir dort waren, war es enttäuschend. In dem vorhergehenden strengen Winter sollen, wie man sagte, viele Fische zugrunde gegangen sein, da der Fluß so lange zugefroren gewesen war. Unter und zwischen den beiden Burgen sieht die Lieser aus, als ob man dort eine gute Anzahl Forellen finden könnte; aber sie ist geschützt, und wenn man im Hotel Fischer wohnt, ist es schwierig, die Erlaubnis zu erhalten, dort zu fischen. Gäste des Hotels Fischer können den Fluß unterhalb von Niedermanderscheid befischen; aber in diesem Flußabschnitt sind recht wenig Fische zu finden. Ich glaube sowieso nicht, daß man dort überhaupt guten Erfolg hat, einmal wegen des nächtlichen Wilderns, das, wie ich glaube, dort ausgeübt wird, und außerdem, weil man sich wenig Mühe mit der Nachzucht von Fischen zu machen scheint. Wir sahen eine Menge Fische im Weiher, dem schmutzigen, halbmondförmigen Teich unter der Mooshütte. Es ist schade, daß dieses Wasser nicht sauber gehalten wird, denn es ist ein schöner, abgeschlossener Platz zum Baden, und groß genug für genußreiches Schwimmen bei heißem Wetter. Eine Badehütte ist schon da, und wenn man sich um den Platz kümmern würde, würde er die Anziehungskraft von Manderscheid beträchtlich erhöhen.

Wir fragten den Bürgermeister um Rat, aber er schien uns, was das Fischen in der Lieser betraf, nicht helfen zu können; er sagte allerdings, daß man Angelmöglichkeit hätte, wenn der Müller in Neumühle seine Erlaubnis gäbe. Wir dankten Herrn Theilen für seinen Hinweis und fuhren vom Hotel aus sobald wie möglich in einem Einspänner nach Neumühle, da die brennende Sonne Wandern unmöglich machte.

Die Fahrt nach Neumühle war reizend, und wir fanden den stämmigen, freundlichen Müller, wie er unter dem Schatten einer weitästigen Buche seinen Arbeitsleuten Anweisungen gab. Sogleich gab er die Erlaubnis, zu fischen, und schien die übliche Entschädigung, nämlich alle gefangenen Fische zu behalten, nicht zu billigen. Hans, unserem fröhlichen Fahrer, schien die Unterhandlung Freude zu machen, und er warf ab und zu ein Wort ein, um die Sache zu beschleunigen. Es war zu heiß zum Fischen bis zum Abend, so drehten wir links ab zum Horngraben, auf einer schmalen Straße, mehr einem Fußweg, am Ufer der immer murmelnden Kleinen Kyll. Dieser Pfad war voller großer, loser Steine und Felsbrocken; der Wagen schwankte gefährlich, und verschiedene Male schien eins der Räder über die Felsen hinaus zu fahren, die den rauschenden Strom zur Rechten überragten, während wir zur Linken scharf aufpassen mußten, daß unsere Köpfe oder Hüte nicht von den weit gespreizten Baumästen abgerissen wurden.

Unser Fahrer Hans amüsierte sich köstlich über meine Furchtsamkeit; er lächelte, daß sein goldbraun gebranntes Gesicht wie eitel Sonnenschein aussah.

»Ja, Madame, bei manchen Fahrern könnten Sie Grund haben, ängstlich zu sein, aber nicht bei mir, niemals bei mir.« Und damit paffte er heftig seine Zigarre, die wir ihm gerade zu rauchen erlaubt hatten, und fuhr schneller als zuvor.

Nach der Erfahrung dieses Morgens hatten wir volles Vertrauen in Hans und brauchten das auch nicht zu bereuen.

Bald erreichten wir einen kleinen Wasserfall; ein bißchen

weiter vorn kamen wir zu einem Durchbruch im Felsen zur Linken, und der Wagen hielt. Wir stiegen aus und gingen ein paar Schritte vor. Ein außergewöhnlicher Anblick eröffnete sich uns; wir waren scheinbar am Eingang eines riesigen Steinbruchs; der rauhe, holprige Pfad mitten dadurch war aus Asche, grau und an manchen Stellen so schwarz wie Kohle. Als wir diesen Pfad erreichten, war der Untergrund so mit Asche und Schlacke bedeckt, daß Bäume und Büsche nur an den beiden Enden des Halbkreises wuchsen, der aus fremdartig geformten Felsen gebildet war - eines Halbkreises, der über siebzig Fuß hoch und mehr als hundert Fuß von Ende zu Ende weit war. Dieser Felswall schien aus unzähligen, geraden Pfeilern in allen Größen zu bestehen; vor der steilen, gelben Mauer waren sie kleiner, bis zu Blöcken, die zwischen den Blumen am Grund verstreut lagen. Sie waren in würfelförmige Teile gespalten, wie sie am Fuß des Felsens lagen.

»Dies ist der Horngraben!« sagte Hans mit einer Geste, als ob er selbst dies wunderbare Bild geschaffen hätte.

Der Horngraben

Während wir weiter gingen, wurden die Blumen immer schöner und zahlreicher; und da die Sonne feurig in den ungeschützten Flecken brannte, gaukelten zahlreiche, seltene und liebliche Schmetterlinge zwischen den Blumen, während große Eidechsen blitzgeschwind aus den Nischen des goldfarbenen Felsens huschten. Als wir einige Bruchstücke untersuchten, sahen wir, daß die gelbe Farbe nur äußerlich war, innen bestanden sie aus schwarzer Lava.

Der Platz schien uns verzaubert; wir konnten das Murmeln des Flusses hören und die nun entfernte Musik des Wasserfalls.

Hans hatte sein Pferd zurückgelassen und kam mit uns.

»Der Horngraben ist entstanden,« sagte er, »aus dem großen Lavastrom vom Mosenberg dort oben; die Felsen und die Basaltsäulen sind alle Lava.«

Als er sprach, erspähte er eine besonders große Eidechse, und wie ein großer Schuljunge sauste er rücksichtslos zwischen den gebrochenen Felsen hinterher; am Ende einer atemlosen Jagd fing er sie und hielt sie mir hin. Sie war ungefähr zwanzig Zentimeter lang. Aber noch während wir sie besahen, schoß sie davon und ließ dabei einen guten Teil ihres Schwanzes in Hans' Hand. Eine oder zwei Minuten später bewunderte ich einen Schmetterling; sofort riß Hans seinen Hut herunter und stürzte sich auf das schöne Insekt; aber die Jagd nach ihm wurde noch schwieriger als die nach der Eidechse; ein oder zwei Mal schlug Hans fast der Länge nach hin in seinen heftigen Anstrengungen, zwischen den Lavablöcken das zierliche Ding zu fangen. Schließlich aber kam er zu uns, sein breites Gesicht gerötet und triumphierend, und zeigte uns ein feines Exemplar des Perlmutterfalters zwischen Daumen und Finger.

Als wir nach Manderscheid zurückfuhren, nahm Hans eine frische Zigarre heraus; vor dem Anzünden biß er das Ende ab; dabei kam ihm ein Stückchen der Zigarre in die Kehle und erstickte ihn fast. Der arme Bursche hustete und spuckte, Tränen strömten aus seinen blauen Augen und seine sonnenverbrannten Wangen hinunter. Wir hatten Angst, er würde eine Blutader brechen, aber er fuhr weiter, und als wir das Hotel erreichten, hatte er sich schon ziemlich erholt. Ein tüchtiger Trunk Bier schien ihn wieder ganz in Ordnung zu bringen, und er war vergnügt wie immer. Ein fremdartiger Zauber lag über dem Horngraben, der uns mehrmals zu diesem interessanten Platz führte; wir konnten uns vorstellen, daß er für den Geologen sehr anziehend sein mußte. Bei Nacht allerdings stellten wir uns den Platz unheimlich vor; eine Dame und ein Herr aus dem Hotel fuhren eines Abends bei Mondschein hin, aber wir hörten nichts vom Ergebnis ihrer Expedition.

Einen oder zwei Tage später versuchten wir den Spaziergang zum Horngraben. Er ist weit schöner als die Fahrt, und selbst für einen wenig geübten Wanderer nicht allzu ermüdend; die zahlreichen Spitzkehren, die der Weg nimmt, um die Steilheit des Abstieges zur Kleinen Kyll zu verringern, kann man häufig abschneiden.

Vom Hotel aus wandten wir uns nach rechts; auf der Hügelspitze nahmen wir den Weg zur Linken und ließen die Straße nach Daun rechts liegen. Unsere Straße führte nach Wittlich, und von dieser bogen wir bald nach rechts ab. Nicht lange danach überquerten wir auf einem Fußpfad das unbebaute Land, und wir fanden selbst an einem so sonnigen Morgen die Luft angenehm frisch; auch hatten wir einen weiten Blick über die Umgebung, vor uns bestimmt durch den großartigen Umriß des Mosenbergs. Unser kleiner Pfad brachte uns über viele kleine Abkürzungen hinunter ins Tal. Wir überquerten eine Wiese, hoch bewachsen mit einer Art gelber Kohldistel voller fedriger Samen; eine Frau und ihr Sohn arbeiteten schwer daran, die weichen, flaumigen Büschel zu sammeln, um Kissen damit zu stopfen, wie die Frau sagte.

Als wir die Straße wieder erreichten, hatten wir einen guten Blick auf die Heidsmühle, behaglich nahe an den Fluß gebaut, während links über ihr der Hügel mit Fichten bewachsen war. Wir durchquerten diesen großartigen Fichtenwald; die Höhe dieser Bäume hatten wir uns nicht vorgestellt, bis wir uns tief in ihrem majestätischen Schatten fanden.

Bald kamen wir zu einem kleinen Abhang, einem hohen, felsigen Vorsprung über den Strom; viele Blumen waren hier zu finden, und der Eichenfarn wucherte zwischen Felsbrocken;

es war nur eine kleine Lichtung. Bald gingen wir wieder durch Fichtenwald und hatten von dort reizende Durchblicke auf den Fluß und seinen lieblichen Hintergrund. In diesem Wald fanden wir enorme Ameisenhügel, einige mehr als drei Fuß hoch.

Eine sehr malerische Holzbrücke brachte uns über die Kleine Kyll in einen schönen, grünen Wald, wo große Gruppen schlanker, goldener Blüten wie schöne Sterne aus dem Geheimnis hängender Birkenzweige leuchteten. An seinem Ende fanden wir uns wieder neben dem funkelnden, kleinen Wasser. Eine Strecke des lächelnden, blumigen Weges gingen wir zwischen dem Wald zur Rechten und Einzelbäumen und Büschen zur Linken; dabei zeigte das immer stärkere Rauschen des Stroms, daß wir uns dem Wasserfall näherten, einer kleinen Stromstufe gerade jenseits des Eingangs zum Horngraben selbst. Rechts zwischen den Bäumen lag ein riesiger Lavasturz, schwarz und ohne auch nur ein einziges Kraut.

Bald danach erreichten wir den Horngraben, er kam uns ebenso wunderbar vor wie bei unserem ersten Besuch. Ein kleines Stückchen hinter seinem Eingang ist eine Quelle mit dem reinsten Wasser der ganzen Gegend.

Den Heimweg nahmen wir über die gleiche Strecke. Sie war so schön, daß wir froh waren, alles noch einmal zu sehen. In der Buschreihe, die die murmelnde Kyll verbarg, und im Wald dahinter, auf dem Weg zur Brücke, bemerkten wir scharlachrote Beerenbüschel - ein leuchtendes Scharlachrot; wegen ihres anmutigen Wuchses hielten wir die Büsche für eine wilde Kirsche. Die Beeren wuchsen wie Miniaturtrauben und waren intensiv und undurchsichtig rot, nicht so orangefarben wie die der Eberesche, aber so glänzend und fast so zahlreich wie die Blätter. Ebenso wundervoll war die Fülle der Beeren an den Ebereschen, die fast alle Straßen säumten. In der Eifel wie in anderen Teilen Deutschlands sind die Flurgrenzen mit Apfel- und Birnbäumen bepflanzt; und es ist erstaunlich, daß die Ernte nicht öfter gestohlen wird. Zur Erntezeit werden die Früchte durch öffentliche Auktion versteigert. Man vermag es kaum zu glauben, daß dieses liebliche Land in

Urzeiten eine verlassene Wüste war, wo Steine und Asche und Feuerstürme aus den uralten Kratern brachen, von denen allein auf dem Mosenberg vier Stück zu finden sind. Wir sagten schon, daß die Krater zahlreich sind und nah zusammen liegen, besonders zwischen Manderscheid und Gerolstein.

Heute scheint die Eifel ein römisch-katholisches Land zu sein, aber im siebzehnten Jahrhundert versuchte Graf Dietrich, den reformierten Glauben bei der Bevölkerung von Manderscheid einzuführen. Das erregte einen schrecklichen Glaubenskrieg in der Umgebung. Der Erzbischof Albrecht, Statthalter der Niederlande, hörte davon; und er beeilte sich, die Burg Manderscheid zu belagern, um den alten Glauben mit Feuer und Schwert wieder einzusetzen. Das geschah im Jahr 1618. Der Dreißigjährige Krieg brachte neue Verwüstungen in die Grafschaft und beschädigte die Oberburg schwer. Beide Burgen scheinen auch unter den französischen Truppen Ludwigs des Vierzehnten gelitten zu haben. Es ist erstaunlich, daß überhaupt etwas von den Ruinen erhalten geblieben ist, so wenig Frieden scheint man in dem lieblichen Tal genossen zu haben.

Manderscheid galt früher als Stadt: es hatte Stadtmauern und Tore mit Türmen. Aber all das ist lang vorbei. Der letzte Graf von Manderscheid starb kurz vor dem Ausbruch der Französischen Revolution, so daß, als die französischen Soldaten gegen Ende des Jahrhunderts die Oberburg zerschossen, kein rechtmäßiger Landerbe da war. So ließ man die Ruinen verfallen, und sie wurden Stück für Stück ausgeplündert zur Errichtung anderer Bauten.

Im Jahr 1870 kam die Gräfin Paula von Brühl als Retterin; sie erwarb die Oberburg und machte der Zerstörung ein Ende.

Die Gräfin hatte ein Familieninteresse an der Burg, ihre Vorfahren hatten mehrfach Heiraten mit dem alten Stamm der Manderscheid abgeschlossen. Sie ließ die Mauern der Oberburg notdürftig zusammenflicken und verstärkte die Grundmauern des Turms. Danach kaufte sie auch die Niederburg und sorgte für die gleiche Behandlung. Aber die Arbeit war sehr kostspielig, und man muß fürchten, daß diese beiden interessanten Zeugen des Mittelalters nicht für immer bewahrt werden können, es sei denn, die kaiserliche Verwaltung kommt zu Hilfe.

Die Geschichte der Gräfin erregte in uns den Wunsch, »Paulas Ruhe« zu sehen, und eines Nachmittags fanden wir einen reizenden Weg dorthin. Wir hatten angefangen, den zerstörten Turm der Niederburg zu erkunden, aber anstatt hinter dem Torbogen direkt hinaufzugehen, durchschritten wir das kleine Dorf und wandten uns dann links aufwärts neben dem dicken runden Wachtturm; wir verhielten nur, um das malerische alte Haus in der Dorfstraße zu bewundern, das einen zerstörten Turm als Hintergrund hat.

Als wir zum Wachtturm hinaufgegangen waren, lockte uns die grüne Wiese gerade unter ihm, so daß wir seitwärts traten, um sie zu besuchen und die kleine Brücke überquerten. Von dieser Wiese hatten wir einen schönen Blick auf die Niederburg; aber obwohl es fast sechs Uhr war, brannte die Sonne doch zu heiß, als daß man an der schattenlosen Stelle verweilen konnte, und ein bewaldeter Streifen in ihrer Mitte verlockte uns, ihn zu erkunden. Der Schatten unter den Bäumen war köstlich; wir folgten dem gewundenen Pfad zwischen ihnen, bis er uns an den Rand des Abhangs führte; von dort überblickten wir das Tal.

Die Ansicht der Burgen von hier aus war beeindruckend. Die sinkende Sonne rötete die Oberburg, während die untere Burg im tiefen Schatten lag. So wie uns der Pfad an der Kante des Felsbogens vorbeiführte, zeigte die Niederburg immer neue wechselnde Bilder. Schließlich brachte uns der Pfad unter die Oberburg und wendete sich so abrupt, daß der Blick den steilen Abfall ins Liesertal hinunter mich schwindelig machte. Ein paar Schritte weiter lag der Fleck »Paulas Ruh«. Der Weg erweitert sich hier, Sitze und ein ansehnlicher Tisch sind so plaziert, daß die Besucher den Ausblick unter dem Schatten der nahestehenden Bäume genießen können. Der Name ist eine Erinnerung an die Dame, die so viel zur Erhaltung der Burgen getan hat.

Der Wachturm der Niederburg

Während wir durch den waldigen Abhang an der steilen Seite des Felsens oder auf der Klippe, die sich aus dem Tal erhebt, entlangwanderten, schien die Luft erfüllt von der Erinnerung an die vielen, schlimmen Zeiten, die Manderscheid so oft durchgemacht hat. Zur Zeit leidet das Dorf unter seinem Verlust an Bedeutung; vor sechzehn Jahren erst wurde der Hohe Gerichtshof nach Wittlich verlegt; bis dahin war ein großer Markt in Manderscheid abgehalten worden, und es war das Geschäftszentrum für alle benachbarten Dörfer, jetzt ist es ein friedvoller, abgeschiedener Platz voller Ruhe. Es gibt nur noch wenige Läden; die Hauptbeschäftigung der Einwohner scheint die Feldarbeit zu sein. Man muß auch fürchten, daß eines Tages die Eisenbahn ihre eisernen Arme entweder von Wittlich oder von Daun ausstrecken wird, bis sie das gemächliche, sonnige Manderscheid erreicht haben, und dann wird von vergangener Zeit nur eine schöne Erinnerung geblieben sein.

Die Bevölkerung scheint wohlanständig und fromm. An der Kirche ist nichts Bemerkenswertes, und obwohl sie geräumig ist, ist sie jeden Sonntag übervoll; sie hat mit den Dorfhäusern unter den häufigen Bränden gelitten, die in diesem und im achtzehnten Jahrhundert stattfanden. Im Jahr 1718 brannten die Kirche, das Pfarrhaus und ein großer Teil des Dorfes nieder, während die meisten Einwohner auf einer Wallfahrt nach Nieder-Stadtfeld waren.

Es tat uns leid, daß wir keine Zeit fanden, zum Ulmener Maar zu fahren, aber Ulmen liegt nun an der Eisenbahn zwischen Daun und Kaisersesch in Richtung Mayen; daher glaubten wir, es von einem anderen Punkt aus bequemer erreichen zu können. Es liegt nur eine kurze Fahrt von Cochem an der Mosel über Faid und Büchel entfernt. Man hat einen sehr schönen Blick von den Höhen gerade über Büchel auf den kleinen baumumstandenen See und seine Ruinen, die Ober- und Unterburg, sowie das nette Dorf. In der Kirche ist ein eindrucksvolles Grabmal von einem der Ritter von Ulmen. Die Ulmener Ritter waren schreckliche Räuber, und zwischen den beiden Burgen müssen viele Kämpfe stattgefunden haben. Es gibt eine traurige Sage über die Ulmener Oberburg.

Dieser Ritter von Ulmen war ein sehr tapferer und wilder Krieger, ohne Ehrfurcht vor den Menschen, und beraubte alle, die in seine Hände fielen, seien es Geistliche oder Kaufleute. Nur eine sanfte Seite war in seinem Wesen. Seine Frau war seit Jahren tot; man sagte, sie sei am gebrochenen Herzen gestorben wegen der Grausamkeit, mit der ihr Gatte seine Gefangenen behandelte, aber sie hatte ihm ein einziges Kind hinterlassen, seine junge Tochter Hertha.

Jetzt war Hertha ein schönes Mädchen, schön und frisch wie ein Frühlingsmorgen, und so süß, wie sie lieblich war. Jederman betete sie an, von ihrem Vater bis zum niedrigsten Knecht, und wenn sich die Gelegenheit bot, kamen Ritter und Edle in großer Zahl und erbaten ihre Hand von ihrem Vater. Hertha aber lachte über ihre Anträge, schüttelte ihr hübsches Köpfchen und ließ ihren Vater alle zurückweisen.

»Schicke sie weg, Vater, alle,« sagte sie fröhlich: »ich habe keine Lust zu heiraten, ich will nur immer reiten.«

Hertha war eine verwegene Reiterin, auf ihrem flinken Roß flog sie dahin, während ihr langes schwarzes Haar offen hinter ihr her wehte; Wanderer glaubten, sie hätten eine der Feen gesehen, die in jenen Tagen den Wald heimsuchten.

Ihr Vater hatte soviel mit seinen Fehden zu tun, daß er sich um die Beweggründe seiner Tochter nicht kümmerte, sonst hätte er sich wohl gewundert, daß sie immer wieder die edelsten Herren der Eifel zurückwies; er liebte auch sein Kind so herzlich, daß er sie nicht gern verlieren wollte. Er hatte keine Ahnung, daß sein geliebtes, siebzehnjähriges Kind ihm schon verloren war.

Der Ritter hatte einen sehr hübschen Reitknecht namens Hugo, einige Jahre älter als Hertha. Hugo hatte seine junge Herrin das Reiten gelehrt, aber er hatte das Edelfräulein auch gelehrt, ihn zu lieben.

Täglich, wenn sie die Burg verließen, gingen sie nicht auf die langen Ritte, für die sie aufgebrochen waren, sondern stahlen sich in den tiefen, grünen Buchenwald. Dort band Hugo ihre Pferde an einen Ast, und die Liebenden verbrachten ihre Zeit in süßem Liebesspiel auf dem weichen Grund darunter.

Sie fürchteten keine Entdeckung, denn bei der Rückkehr zur Burg verriet kein Wort oder Blick ihre Vertrautheit. Aber wie das Sprichwort sagt, es ist nichts so fein gesponnen, es findet doch hervor zur Sonnen.

An einem Herbstnachmittag, als nur die dichtesten Buchenschatten vor dem starken Sonnenschein schützen konnten, ritt ein benachbarter Graf zufällig die Straße, die den Wald durchschnitt; er war der glühendste und der hervorragendste unter Herthas abgewiesenen Freiern. Alsbald fand er den Sonnenschein zu brennend und lenkte zur Seite, um zwischen den Bäumen Schutz zu suchen. Er war traurig; erst vor einigen Monaten war er diesen Weg geritten und hatte Herthas Hand begehrt; er hatte nur eine verächtliche Ablehnung von ihrem Vater erhalten.

Plötzlich wurde er auf ein schwarzes Pferd aufmerksam, das an einen Baum gebunden war, daneben stand ein weißer Zelter, der offenbar einer Dame gehörte. Brennend vor Neugierde stieg der Graf ab; zwischen den dicht gepflanzten Bäumen sah er durch die Zweige, daß seine angebetete Dame, deren Hand er niemals hatte berühren dürfen, und Hugo, der Edelknabe, sich liebten. Der Graf war wütend über diese Schande; sein eifersüchtiger Zorn riß ihn über alle Grenzen fort. Er sprang auf sein Pferd, galoppierte zur Burg Ulmen und erzählte dem Ritter seine Geschichte.

Die Sage berichtet, daß des Ritters Wut in ihrem ersten Aufflammen schrecklich war. Der verräterische Edelknabe wurde getötet, und dann plante der getäuschte Vater das Geschick seiner Tochter.

Er ließ an der gleichen Stelle, wo die Liebenden geweilt hatten, einen kleinen Turm errichten, den er ganz mit einem breiten Wassergraben umgeben ließ. Das unglückliche Mädchen wurde in dem Turm eingemauert, in einem so schmalen Raum, daß sie kaum aufrecht stehn konnte. Man sagt, daß die Ruinen dieses Turmes, genannt der Juffer-Weiher, noch in dem Buchenwald besteht, und daß der nächtliche Wanderer ihre kläglichen langgezogenen Rufe »Hugo, Hugo, Hugo,« hören kann, den Schrei von Herthas unglücklichem Geist, der nach ihrem Liebsten ruft, sie zu befreien.

Der Bürgermeister von Manderscheid sagt in seinem kleinen Buch, daß dies Ereignis in der Niederburg stattfand, und daß eine Tochter des mächtigen Geschlechtes von Manderscheid sich so vergaß mit Hugo, dem Edelknaben ihres Vaters. Als Beweis fügt er hinzu, daß im Jahr 1844 in einer Ecke der Niederburg eine zugemauerte Nische gefunden wurde, und darin ein menschliches Skelett, ein irdener Krug und ein viereckiger Stein.

Er sagt auch, daß seit dieser Entdeckung die alte Geschichte neues Leben bekommen hat und von den Bauern von Manderscheid fest geglaubt wird.

6. Kapitel

Das Pulvermaar - Der Mosenberg - Die Abtei von Himmerod

ONE morning two of us started early with Hans and his Einspanner for the Pulvermaar.

Eines Morgens brachen zwei von uns mit Hans und seinem Einspänner zum Pulvermaar auf. Ungefähr dreiviertel des Weges waren sehr hübsch. Wir fuhren durch Niedermanderscheid an unserem Künstler vorbei, der unter einem großen, weißen Sonnenschirm an der Straße über der Brücke saß und die Burgen mit der Schlucht zeichnete. Dann ging es hinauf in Richtung des Belvedere, kurz davor aber nach rechts.

Bald waren wir auf ziemlicher Höhe und konnten weit bis zum Moseltal sehen. Aber nach einiger Zeit wurde uns dies tischebene Land langweilig und uninteressant. Außer den anheimelnden, kleinen Dörfern Buchholz und Eckfeld erschien uns dieser Landstrich weniger anziehend als alles, was wir bisher gesehen hatten. Vor Gillenfeld fuhren wir an einem kleinen See, dem Holzmaar vorbei; er soll sehr fischreich sein, und in seiner Nähe soll man verschiedene, seltene Pflanzen finden. Dann ging es durch einen Wald und weiter zum Hotel Zillgen oder Post in Gillenfeld, wo wir einige Freunde aus unserem Hotel zu finden erwarteten. Sie waren vor uns aufgebrochen und schon zum Pulvermaar vorausgegangen.

Nach etwa einer Meile erreichten wir den Gipfel des Hügels; von dort sahen wir unter den Bäumen eines umgebenden Waldes eine große, blaue Wasserfläche, schimmernd wie ein enormer Saphir. Sie lag unter uns in einem weiten und tiefen Kraterloch, von Bäumen umgeben. Sie soll über neunzig Morgen bedecken.

»Das Pulvermaar!« rief Hans triumphierend. Es kam uns vor, als ob es für ihn der schönste See Europas sei.

Das Pulvermaar

Der Wagen hielt, und wir bahnten unseren Weg hinunter zum Uferrand zwischen den Bäumen, die hier ganz bis zum Wasser reichten; vom Wasser erreichten uns fröhliche Stimmen und Gelächter, wir hörten Ruder plätschern, und bald kam ein Boot voll fröhlicher, junger Menschen in Sicht. Das Boot war so beladen, daß es nur langsam vorwärts kam, wir erkannten darin einige unserer Freunde; wir riefen sie an, und sie gaben zurück, daß wir verspätet seien. Ich war im Stillen froh, am sicheren Ufer zu sein, als in dem übervollen Boot mit seiner recht lebhaften Besatzung, und dazu auf einem See, dessen Mitte dreihundert Fuß tief sein sollte.

Unsere Freunde schrien uns zu, daß sie noch nicht gebadet hätten, daher gingen wir durch den Wald weiter zum Badehaus, das etwas entfernter lag. Nach einer Weile öffnete sich der Wald, das Ufer war ebener, und wir konnten das durchscheinend blaue, glänzende Wasser ganz übersehen. Der tiefe Buchenwald schloß es fast ganz ein. Hechte und Krebse werden im Pulvermaar gefischt, und viele Wasservögel erhoben sich aus dem Schilf.

Wir fanden noch einige unserer deutschen Freunde vor dem Badehaus, aber der Professor und seine Frau, die verehrten Spitzen unserer Gesellschaft, fehlten. Auf unsere Frage hörten wir, daß sie im Wasser in den inneren Räumen des Badehauses waren. Dieser Bau schwimmt einige Fuß vor dem Ufer und ist durch eine Holzplanke zu erreichen. Innen sind zwei Badeplätze mit Leitern, die ins Wasser führen, so daß Leute, die nicht schwimmen können, sicher im See baden können. Die Schwimmer kleiden sich in diesen Räumen aus; bald kamen auch drei junge Deutsche von der Bootgesellschaft heraus und sprangen von der Plattform des Badehauses in das herrlich klare Wasser, etwa zwölf oder fünfzehn Fuß tief. Sie waren alle geübte Schwimmer, und der eine oder andere, dem der Sprung von der Plattform nicht genügte, kletterte auf das Dach des Badehauses und wagte von dort einen Kopfsprung.

Der Nachteil bei diesem Badehaus ist, daß zum Aussteigen keine Stufen vorhanden sind, so daß sich die zurückkehrenden Schwimmer nur mit der Kraft ihrer Arme auf die Plattform schwingen müssen. Das Wasser glänzte im Sonnenschein, und die Temperatur war zum Baden gerade richtig. Viele von der Gesellschaft badeten, und alle schienen es sehr zu genießen. Alles war frisch und köstlich; mein Begleiter und ich wünschten, wir hätten ein Lunchpaket mitgebracht, dann hätten wir den Rest des Nachmittags am Pulvermaar verbracht; aber wir hatten im Gasthaus von Gillenfeld Mittagessen bestellt.

Wir gingen durch den Wald zurück. Es war sehr steil, und unser Anführer verlor den Weg, so daß wir zwischen den dicht wachsenden Bäumen hin und her wanderten und uns von einem schlanken Stamm zum nächsten durchhalfen; die Straße wäre ein kürzerer Weg gewesen. Immerhin erreichten wir schließlich Gillenfeld mit beachtlichem Appetit.

Das Essen im Hotel Post oder Zillgen war gut und reichlich; danach suchte jeder ein Plätzchen für eine Siesta. Der Leiter unseres Ausfluges machte sein Nickerchen in einem der Wagen, die im Hof standen. Man sagte mir, daß im oberen Geschoß ein angenehmer Ruheraum sei; als ich eintrat, fand ich schon unseren Professor und seine liebe Frau dort installiert, einer auf einem Bett, der andere auf einem Sofa. Lächelnd zeigten sie auf andere Betten und Sofas, aber da ich nicht so gern in der Öffentlichkeit Siesta halten wollte, zog ich mich in den Garten zurück und fand dort eine hübsche und geräumige Laube, die durch eine großblättrige Kletterpflanze kühl gehalten wurde, die sie ganz überwucherte.

Die jungen Leute waren alle zum See zurückgegangen, aber für längere Wege war es zu heiß, und wir rasteten in der Laube, bis es kühler geworden war und wir nach Manderscheid zurückfahren konnten. Wir ließen Hans Bescheid sagen, er möchte das Pferd einspannen, aber man sagte uns, er sei noch nicht ganz bereit, da er seinen Nachmittagskaffee noch nicht ausgetrunken hatte!

Mit uns im Wagen nahmen wir eine Nichte des Bürgermeisters, die beim Klettern durch den dichten Wald vor Hitze ohnmächtig geworden war; erfrischt durch die Heimfahrt erreichten wir Manderscheid nach einem wundervollen Tag.

Es gibt in Gillenfeld zwei Gasthöfe, aber es ist besser, bei Zillgens (Die Post) einzukehren, da dem Wirt Badehaus und Boot gehören und er auch das Befischen des Sees erlauben kann.

Als wir das Pulvermaar sahen, war sein Wasser ruhig und friedevoll, aber man soll dort auch wilde Stürme erlebt haben; das Wasser des Sees hat sich erhoben, durch seine schäumenden Wellen aufgepeitscht; dem Land ringsumher drohte der Untergang. Daß der See jetzt so ruhig ist, liegt an einem alten Brauch, den die Menschen der Gegend bis heute festhalten.

Dies ist die Legende, wie sie die Landleute erzählen:

Schon immer, seit der Große Vulkan aufhörte, Flammen auszustoßen, und sich das große Becken mit dem Wasser füllte, das nun das Auge erfreut, war es der fromme Brauch der Einwohner ringsum, an einem Tag im Jahr in feierlicher Prozession um den See zu ziehen, voran der Priester mit Singen und Beten. Niemals trübte ein Sturm das schöne, blaue Wasser, niemals ging ein Boot unter oder ein Mensch verlor sein Leben in seiner Tiefe. Aber als Jahre und Jahre vergingen, wurden die Menschen hochnäsiger in ihrer Weisheit, und nach und nach glaubten sie sich über die Vorsehung erhaben und achteten nicht mehr Gottes haltende und schützende Kraft. Schließlich kam ein Jahr, wo die Prozession aufgegeben wurde; ein paar alte Leute bedauerten es, aber die meisten sagten, es sei ein närrischer und abergläubischer Brauch und sei schon viel zu lang erhalten geblieben.

In diesem Jahr geschah es, daß ein Schäfer seine Herde neben dem See hütete; eines Morgens meinte er eine Veränderung auf dem friedlichen Wasser zu sehen, es sah trübe aus. Dann wurde die Oberfläche heftig aufgewühlt; während er noch ganz erstaunt dastand, erhob sich das Wasser in wütenden, schaumgekrönten Wellen und drohte die Ufer zu überfluten. Damals waren die Seeufer nicht mit Bäumen umsäumt wie jetzt, hier und dort zeigten sich noch die schroffen, nackten Wände des Kraters.

Das Wasser hob sich von Minute zu Minute höher, und der Schäfer fürchtete nicht nur den Verlust seiner am Ufer weidenden Schafe, sondern auch die Vernichtung des umgebenden Landes. Es gab keine Hilfe, und so kniete er nieder und betete, daß Gott ihm helfen möge.

Plötzlich kam ihm der alte Brauch, die fromme Gewohnheit seiner Voreltern, in den Sinn. Er eilte zu seiner Hütte, nahm seinen Hirtenstab und sammelte seine Schafe um sich; dann ging er langsam um den See, sang Psalmen und betete, während seine Schafe ihm folgten.

Schnell beruhigte sich das Wasser, die Wogen zogen sich weiter und weiter zurück, und als er seinen Rundgang vollendet hatte, war das Wasser des Pulvermaares so ruhig und friedlich wie immer. Der Schäfer nahm das als eine Warnung zur rechten Zeit; er ruhte nicht, bis sich die Leute aus ihrer hartherzigen Weltlichkeit gelöst hatten und zurückfanden zum frommen Brauch ihrer Vorfahren.

Der Mosenberg ist vielleicht der bedeutendste der Eifelvulkane, wegen seiner absonderlichen Form und wegen der Anzahl seiner Krater. Sein dreifacher Gipfel macht ihn aus der Ferne sehr eindrucksvoll. Die Höhe des Mosenberges, siebzehnhundertzwanzig Fuß über Meereshöhe, ist etwa drei Meilen von Manderscheid entfernt, und der Weg dorthin führt über die Kleine Kyll an der Heidsmühle vorbei.

Einer von uns machte den Ausflug zum Mosenberg. Zuerst hat der Weg nichts besonders Interessantes, aber der Anblick des Mosenberges ist einmalig malerisch; nach ein paar Minuten blickt man unten auf das liebliche Tal der Kleinen Kyll, und von hier an bis zum Gipfel des Mosenberg ist der Weg herrlich. Bei Heidsmühle führt eine Brücke über den kleinen Fluß. Ich hielt hier an, um mit dem freundlichen, jungen Müller zu sprechen, der mir sagte, ich könne gern in seinem Wasser fischen. Neben der Mühle hat der Müller ein reizendes, kleines Gartenrestaurant am Ufer der murmelnden

Mosenberg: Der Kratersee

Kleinen Kyll. Eines Tages ruhten wir hier nach einem ermüdenden Gang, und die Wirtin machte uns einen ausgezeichneten Kaffee und brachte ihn uns in den Garten, wo wir zwischen den Blumen nahe der kleinen Quelle saßen. Es schien uns allerdings, es wäre besser, wenn das Fischen streng verboten und nur gegen einen vernünftigen Preis Reisenden erlaubt würde.

Der Weg, den ich heute von der Heidsmühle aus verfolgte, trug mich leicht nach links an der Hügelseite entlang und stieg von der Kleinen Kyll immer an. Durch ein Tor rechts von meinem Weg könnte man einen kürzeren Weg nehmen, über steile Pfade durch Felder und ein Wäldchen. Besonders schön und abwechslungsreich ist der Ausflug von der Heidsmühle aus zu machen, den Hinweg über die Straße und den Rückweg den steilen Fußpfad hinunter. Ich kam an einem Wegweiser zum Horngraben vorbei; dieser liegt in einiger Entfernung links. Auf meiner Straße, die um den Hügel herumläuft, kam ich ziemlich bald zu einigen Feldern unmittelbar am Fuß des Mosenberg; von hier zeigte ein Wegweiser die Richtung über einen gebahnten Pfad über die Wiese. Dieser führte mich in eine Schneise, die auf der einen Seite von einer Hecke gesäumt war, voll Blumen und Gräsern, einer Überfülle von wilden Nelken und Büscheln von Dryopteris, an der anderen Seite von Bäumen. Mein Weg schlängelte sich langsam den Mosenberg hinauf. Am Anfang der Schneise war der Durchgang fast versperrt von Lavamassen; diese scheinen erst kürzlich locker geworden und vom Gipfel heruntergerollt zu sein.

Nach etwa zwanzig Minuten Weg kam ich zu fantastischen Lavafelsen, die gerade unter dem höchsten Punkt des Hauptgipfels liegen. Oben ist eine Steinhütte mit Sitzen; von da aus ist der Rundblick ausgezeichnet und weitreichend. Rund um den Gipfel liegen die Öffnungen von vier erloschenen Kratern; drei davon sind fehlerlos erhalten, der vierte ist aufgebrochen durch den Lavastrom, der durch den Horngraben bis zur Kleinen Kyll geflossen ist. Ein anderer der Krater ist teilweise mit Wasser gefüllt und bildet einen kleinen See, der von fantastischen Lavafelsen überhangen ist. Nahe der Hütte sah ich eine Anzahl riesiger Schwalbenschwanz-Schmetterlinge, die sich am strahlenden Sonnenschein erfreuten.

Immer auf der Höhe, ging ich ungefähr eine Meile weiter bis zu dem malerischen, altväterlichen Dorf Bettenfeld. Ich kürzte den Weg über einige Felder ab; rechts fand ich ein ganz erträgliches Wirtshaus, wo man gutes, einfaches Essen bekommen konnte.

Die Wirtin war so freundlich, mir ihre kleine Tochter mitzuschicken, die mir den Weg querfeldein zum Meerfelder Maar zeigte. Vom Mosenberg hatte ich schon nach diesem See ausgeschaut, aber er war nicht zu erblicken gewesen.

Ich folgte meiner kleinen, scheu blickenden Führerin etwa zweihundert Meter quer über die Felder, bis wir plötzlich an die Kante eines tiefen Kraters kamen; viele Fuß unter uns sah ich das trübfarbene, halbmondförmige Wasser. Nur wenige Schritte weiter den steilen Hügel hinab traf ich auf das einzigartig malerische Dorf Meerfeld, das sich ganz nah ans Maarufer drückte.

Dieses Maar ist von beachtlicher Größe, und obwohl es in sich selbst nicht besonders schön ist, steht es den anderen Kraterseen in seiner Lage nicht nach, da seine Umgebung so wildromantisch und malerisch ist. Das Ufer in der Nähe ist rauh und unbewachsen, aber den Hintergrund bilden fichtenbewachsene Hügel, und beim Zurückblicken sah ich die verschiedenen Felskronen des Mosenberg.

Meine kleine, barhäuptige Führerin führte mich auf dem kürzesten Weg zur Manderscheider Straße und rannte dann in vollem Lauf zum Bettenfelder Gasthaus zurück. Ich selbst schwenkte bald nach links auf den steilen Fußpfad, den ich erwähnt habe, und kam durch einen Wald hinunter und über die Wiesen zur Heidsmühle.

Es bestehen noch zwei sehr kleine Seen, das Hinkelmaar und der Wanzenboden. Auf dem Mosenberg finden sich auch Mauerreste, die von einer römischen Villa stammen sollen.

Eines Abends erforschten wir die Ruinen der Niederburg; diese sind viel interessanter als die der oberen Burg, weil sie besser erhalten sind und Büsche und Bäume zwischen ihnen wachsen; aber die Sicht ist nicht so weitreichend wie von der Oberburg. Ich fand den Weg hinauf zum großen Turm reichlich steil. Dieser Turm ist außen fünfseitig, innen ist er oval, etwa sechzehn zu zehn Fuß groß. Die Mauern sind sechs oder sieben Fuß dick; an der Seite nach Eckfeld ist er noch dicker, da mag er wohl zehn Fuß erreichen. Beim Klettern durch diese Ruinen mußten wir sehr aufpassen, da die Felsen unter ihnen sehr steil sind.

In einem der zerstörten Gemächer fanden wir eine kurze, behauene Säule in die Mauer eingelassen. Ein verwilderter Garten liegt am steilen Hang in den Ruinen, und von diesem Punkt sieht das Dorf besonders malerisch aus.

Viele interessante Altertümer sollen in der Nähe von Manderscheid zu finden sein. Die weiße Hauptstraße nach Wittlich soll der Weg sein, den die Römer genommen haben, als sie von Trier zu den Ufern des Rheines zogen; und nicht weit von dieser Straße ist rechts ein bewaldeter Hügel, der Hunnerkopf. Wir kletterten nicht hinauf, aber man erzählte uns, daß dort Spuren von altertümlichen Befestigungen gefunden worden waren, entweder römischen Ursprungs oder gar noch älter.

Ungefähr eine Stunde Wegs von Manderscheid erheben sich zwei Klippen auf gegenüberliegenden Ufern der Lieser, und auf jeder der beiden findet sich ein Mauerrest, genannt der Burgberg und die Biederburg. Nichts ist wirklich bekannt über diese Ruinen, aber die Überlieferung sagt, daß dort einst zwei Burgen standen, deren Herren dauernd im Kampf gegeneinander lagen. Schließlich suchte der Ritter vom Burgberg um Frieden nach, und sein Feind stimmte einem Waffenstillstand zu. Zum Zeichen der Versöhnung sandte der Ritter vom Burgberg ein großes Faß Wein als Geschenk zur Biederburg. Die Gabe wurde freudig empfangen und in den Burgkeller gestellt. Der Ritter und seine Mannen legten sich schlafen und träumten von einem großen Gelage, wenn das Faß angestochen würde. Mitten in der Nacht kamen aber gewappnete Soldaten aus dem Faß und öffneten ihrem Führer, dem Ritter vom Burgberg, das Burgtor. Er und seine Gewaffneten machten die

Besatzung nieder und setzten den Ritter von Biederburg in seinem eigenen Kerker gefangen.

Einer von uns erforschte diesen Teil des Liesertals vom Friedrichsplatz aus, der auf der bewaldeten Höhe über dem Fluß liegt. Um ihn zu erreichen, muß man links von der Hauptstraße abbiegen; dann läuft, immer weiter links, ein Pfad um die Wasserrinne und bringt einen zum Wald. Vom Friedrichsplatz aus hat man einen wunderbaren Blick auf die beiden Manderscheider Burgen.

Vom Friedrichsplatz schlängelt sich der Pfad weiter oben durch den Wald. Beim Zurückblicken konnte ich ab und zu einen Blick auf die Oberburg werfen, bis ein großer Bogen des Tales die Sicht versperrte. Über dem Wald, auf der Höhe waren auf dieser Seite Felder. Nach einer Weile verließ ich den engen, krummen Pfad, dem ich gefolgt war, und versuchte eine Abkürzung zum Fluß hinunter zu finden, der weit unten rauschte und gurgelte. Ab und an zeigte er sich durch einen Silberblitz durch das dichte Laub des Waldes. Der Weg hinunter war zuerst steil, aber nicht schwierig; die jungen Bäumchen wuchsen so dicht, daß zumindest keine Gefahr bestand, auszurutschen. Bald aber wurde das Unterholz dichter und der Hang steiler; schnell war der Schwarzdorn so dick, daß es unmöglich war, sich einen Weg hindurch zu bahnen, wenn ich nicht einen Teil meiner Kleidung auf seinen scharfen Dornen lassen wollte. Wie es einmal war, zerkratzte ich mir die Hände, zerriß meine Kleidung und mußte wieder aufwärts klettern. Wäre ich noch ein wenig weiter in den Schwarzdorn eingedrungen, wäre eine Rückkehr wohl schwierig geworden, der Abhang wurde sehr schroff.

Ein wenig weiter lichtete sich der Wald, der Hügel hatte eine sanftere Neigung, und ich ging über Rasen zu der schnellen, glitzernden Lieser. Die Ufer waren mit Wildblumen bedeckt, und ich sah eine Fülle bunter Schmetterlinge. Der aromatische Rainfarn wuchs üppig.

Ich wandte mich nach Manderscheid zurück, indem ich neben dem Fluß herging, und kam plötzlich zu einem Platz, wo der Fels so ins Wasser vorragte, daß ich nicht weiter gehen konnte, es sei denn, ich watete durch das Wasser. Ganz nah am Felsen sah ich das trockene Bett eines Sturzbachs, und dies kletterte ich hinauf, bis ich im Wald oben einen gewundenen Pfad entdeckte. Dieser lief etwas unterhalb dessen, dem ich vom Friedrichsplatz aus genommen hatte; eine halbe Meile oder näher an Manderscheid erreichte ich »Idas Lust«.

An einem anderen herrlichen Morgen fand ich meinen Weg zur Lieser durch den Buchenwald hinter dem Belvedere und überquerte eine kleine Holzbrücke etwa eine Meile oberhalb Manderscheid. Der Sonnenschein war sehr heiß, und das Wasser sah sehr verlockend aus. Ein Stückchen den Strom entlang sah ich eine tiefe Bucht, dreißig oder vierzig Fuß lang; teilweise lag sie unter den aufgetürmten Felsen, und überhängende Bäume verbargen das hintere Ende vor der Brücke. Mir schien es, daß das hintere Ende als Auskleideplatz ganz und gar vor der Brücke abgeschirmt sein müßte. Der Fleck war sehr still, kein Laut oder Anblick eines menschlichen Wesens war zu bemerken. Aber um den Platz zu erreichen, mußte ich das andere Ufer über einen wackligen Baumstamm, der quer über dem Wasser lag, erklimmen.

Der Badeplatz war einmalig; der steile Fels erhob sich darüber; Rainfarn und andere üppige Blumen wuchsen rundum, die Sonne schien voll hinein und machte ihn wunderbar warm; er lag nur einen oder zwei Schritte vom Wasser. In einer oder zwei Minuten war ich ins kühle, erfrischende Naß eingetaucht und fand Raum für ein herrliches Bad. Die Sonne schien mich fast von selbst zu trocknen, als ich herauskam, und das sprudelnde Lieserwasser belebte mich sehr. Ich fand andere Buchten, nicht gerade so abgeschlossen, aber ebenso tief und erfrischend unter »Idas Lust« und auch unter der Oberburg.

Die Hitze machte die längeren Fahrten, die wir geplant hatten, unmöglich, aber an einem Nachmittag fuhren wir los, um die Ruinen der berühmten Abtei Himmerod zu besichtigen, die in der Nähe der Kyllburger Straße liegt, etwa sieben oder acht Meilen entfernt. Nachdem wir Neumühle passiert hatten, das so reizend an der Kleinen Kyll liegt, ging unser Weg durch eine Folge schöner Wälder, den unteren und oberen Kunowald, auch Wittlicher Forst genannt; tiefe, geheimnisvolle Wälder, die gut zu manchen Eifeler Legenden paßten. Die Straße war so eng, daß wir auf der ganzen Fahrt genug Schatten hatten, an einem so strahlenden Nachmittag eine Wohltat.

Wir sahen die Abteiruinen schon ehe wir sie erreichten; sie sind schön gelegen, nahe an der rasch fließenden Salm, vor einem Hintergrund hochragender Bäume; aber als wir näher kamen, war der Eindruck der Ruinen aus dem achtzehnten Jahrhundert weniger angenehm. Die Kirche und einige andere Teile dieser berühmten Abtei waren zwischen 1735 und 1750 wieder aufgebaut worden, und zerfallene Bauwerke aus dieser Zeit sind nicht anziehend, sie wirken wie das zurechtgemachte Gesicht einer alt gewordenen Schönheit. Die Kirche muß allerdings sehr groß gewesen sein; die großartigste und prächtigste im ganzen Trierer Erzbistum.

Die Ruinen der Abtei von Himmerod

Wir fuhren zu dem Gasthaus, das auf ehemaligem Klostergrund erbaut ist; es wird vom Enkel des letzten Kellermeisters von Himmerod geleitet. Wir wünschten, von ihm durch die Ruinen geführt zu werden, aber er ging weg und kam nicht wieder, solange wir dort waren.

Zuerst gingen wir zur Kirche; sie muß ungewöhnlich geräumig gewesen sein. Die Westfront und das östliche Ende stehen noch, und wir sahen, daß die Ruinen der Abtei bedeutend umfangreicher waren, als wir erwartet hatten. Himmerods größte Zeit war während des sechzehnten Jahrhunderts; wir lasen, daß es »berühmt war für seinen Glanz und Reichtum und für die Frömmigkeit seiner Mönche«.

Drei Erzbischöfe von Trier liegen in der Abteikirche begraben. Die Grafen von Manderscheid und die von Manderscheid-Kail oder Oberkail haben jeder eine Gruft hier, und zwischen den Ruinen liegt die Asche von vielen Himmeroder Äbten und manchen Edelleuten der Eifel.

Von der Kirche aus wanderten wir in den Klosterbezirk. Zwei Seiten sind viel besser erhalten als die anderen, sie haben noch Wände und Dächer. Diese Ruinen sind viel malerischer als die der Kirche, aber die Säulen und Fensterrahmen sind plump und zeigen den Niedergang der Baukunst; verschiedene andere Teile der Gebäude sind mehr oder weniger ganz zerfallen. Das Ausmaß des bebauten Geländes zeigte uns, wie großartig die Abtei gewesen sein muß; Erzbischof Albero von Trier hatte sie gegründet, der gleiche Albero, der die Streitigkeiten zwischen den Manderscheider Brüdern angeheizt haben soll. In der ersten Hälfte des zwölften Jahrhunderts baute Albero in diesem einsamen Tal der Salm eine Abtei für die Mönche, die St. Bernhard von Clairvaux ihm sandte. Der Heilige schickte neun Zisterzienser, um in Himmerod ein Kloster zu gründen, in dem sie Gott dienen, die Armen unterstützen und Kunst und Bildung fördern sollten. Die Gründung war so erfolgreich, daß es vierzig Jahre später, 1178, nötig wurde, die Gebäude zu erweitern.

Unter den Klostermauern sahen wir die Gewölbe riesiger Keller, vielleicht auch von aufgegrabenen Begräbnisstätten.

Eine Überlieferung berichtet, daß einige Jahre nach der Gründung die strikte Zucht, die Sankt Bernhard gepredigt hatte, in Himmerod sich lockerte. Nachrichten erreichten Clairvaux, daß die Eifelmönche weltliche Freuden suchten und nicht nach der frommen Regel ihres Gründers lebten.

Sankt Bernhard war durch diese Nachrichten sehr beunruhigt und reiste sofort nach Deutschland, um seine abtrünnigen Söhne zu besuchen. Er blieb bis Mai in der Abtei, konnte aber den Grund für die Erschlaffung nicht finden, die in das asketische Leben seiner Mönche eingetreten war.

Eines Abends saß der heilige Mann am offenen Fenster seiner Zelle. Plötzlich schwebte aus dem naheliegenden Wald durch die stille Luft der süße, bezaubernde Gesang der Nachtigall; mehrere dieser Sänger waren da, einer schien dem anderen zu antworten in einem Gesang von betäubender Leidenschaft. Während der Heilige lauschte, wurde die Musik immer verführerischer.

Neue und fremde Gefühle überkamen Sankt Bernhard. Plötzlich hielt er sich die Ohren zu und begann zu beten. Alles war ihm nun klar. Er entdeckte, daß das Lied der Nachtigallen seine Mönche bezaubert und verführt und sie verlockt hatte, ihre strengen Regeln aufzugeben. Satan hatte das bewirkt, und ihre Frömmigkeit wurde langsam untergraben.

Bernhard erhob sich von seinem Sitz und erließ einen feierlichen Bann gegen die süßstimmigen Vögel; dann kniete er nieder und betete, daß sie ans Ufer der Mosel gebannt sein sollten. Von diesem Tage an ist in Himmerod kein Nachtigallenlied mehr gehört worden.

Die Mönche müssen einen schönen Obstgarten gehabt haben; viele Birnen- und Apfelbäume wachsen noch zwischen den Trümmern. Die außenliegenden Gebäude, jetzt als Bauernhof genutzt, sind sehr geräumig; sie scheinen aus dem siebzehnten Jahrhundert zu stammen.

Wir kehrten zum Gasthaus zurück und trafen dort einige Mitglieder einer englischen Familie, die von Manderscheid

Torbogen in Himmerod

herübergewandert waren und auch zu Fuß wieder zurückkehren wollten.

Die fröhliche, runzelige, alte Frau, die das Gasthaus hielt, war so braun wie eine Haselnuß; sie lächelte uns an und fragte, was wir haben wollten, aber unsere Bestellung von Erfrischungen schien sie zu wundern. Sie stand neben uns und beobachtete mit großer Neugier, wie wir Milch mit Birresborner Wasser tranken. Als wir nach der Rechnung fragten, wurde ihr Benehmen sehr amüsant. Sie setzte die leeren Flaschen und Becher auf ein Tablett; dann ging sie rundherum und berührte jedes Teil mit dem Finger, zählte laut und ging noch einmal halb herum. Das machte sie drei Mal, ehe sie einsah, daß ihre Aufrechnung noch immer um die Hälfte höher war, als sie sein sollte. Wir alle lachten so herzlich über die Naivität und Freundlichkeit, mit der sie dies Ergebnis zustande brachte, daß ich glaube, sie meinte uns mit dem Ergebnis eine Freude zu machen.

Das Gasthaus schien luftig und geräumig, und wir meinten, es sei möglich, dort behaglich zu schlafen. Unsere alte Wirtin kam mit uns zur Eingangstür und wünschte uns angenehme Reise. Mit viel Stolz zeigte sie uns ihre beiden Enkelkinder, ein hübsches, strahlendes, kleines Mädchen und ein besonders schönes Baby, das an ein Brett auf dem Boden angebunden war, wirklich ein hübscher, fröhlicher Junge mit gewinnendem Lächeln. Aber unser Fahrer Hans, trotz seiner geselligen Art und seiner Bewunderung für das Kind, fand, daß wir besser nach Manderscheid losfahren sollten, weil er nach Hause einen anderen und längeren Weg nehmen wollte. Wirklich war der neue Weg, den wir nahmen, voller Schönheit, und die Abendluft war erfrischend.

An diesem Abend hörten wir, daß wir drei unserer netten Freunde verlieren sollten - einen Herrn und zwei Damen, die mehrere Wochen im Hotel Fischer gewesen und allgemein beliebt waren.

Nach dem Essen sangen einige unserer deutschen Freunde sehr schön; einer der Herren spielte und sang gut und begleitete die anderen Sänger; auch seine Frau war eine geschulte Sängerin. Er hatte einen feinen Bariton, sie einen Mezzosopran; die älteste Tochter spielte auch sehr gut Klavier. Danach erklangen Volkslieder, und als der Begleiter müde war, sang die ganze Gesellschaft, wie sie um den Tisch saß; das heißt, einige sangen die Volksliedverse, und der Rest stimmte in den

Refrain mit ein. Dieser wurde mit großer Begeisterung gesungen, und die Fremden an der anderen langen Tafel sangen mit. Es war sehr beeindruckend, so viele schöne Stimmen aus dem Stegreif in harmonischem Gesang vereint zu hören.

Mitten in einem begeisterten Chor, wo das Wort »Klomp, klomp« immer nachdrücklicher wiederholt wurde, kam der lächelnde, junge Wirt herein; er trug ein großes, rotes Glasgefäß in Form eines Fasses - den Abschiedstrunk.

Es war voll mit einer rosafarbenen Flüssigkeit, bestehend aus Wein, wilden Erdbeeren, Zitrone, Honig und anderen Zutaten; er setzte es oben auf den Tisch. Nach ihm kamen unsere zwei Kellnerinnen; sie trugen Kuchen und kleine Gläser, die auch wie Bierfäßchen geformt waren. Diese wurden gefüllt und vor jeden Gast gesetzt. Im gleichen Augenblick, während noch ein Lied gesungen wurde, standen wir alle auf, ließen die Abschiedsgläser aneinander klingen zu Ehren unserer scheidenden Mitgäste und tranken auf ihre Gesundheit. Überall wurde angestoßen; die Leute am anderen Tisch, viele von ihnen erst gerade angekommen, wurden sehr fröhlich, verschränkten die Arme miteinander, während sie sangen, und stießen fröhlich an. Danach wurden immer weiter Volkslieder gesungen.

Die nette Mutter des Wirtes, die dazugekommen war und die Gläser aus der Bowle wieder füllen wollte, schenkte neu ein. Und wieder lachte jedermann herzlich, stand auf und stieß mit jedem an, der in Reichweite war. Ich fragte mich, wann sie wohl wieder ruhiger werden würden, aber jetzt konnte das noch nicht sein; es gab noch eine Menge Gesang und frohes Lachen und Anstoßen.

Schließlich wurden die Kehlen müde und eine Pause trat ein; unser lieber alter Professor und seine Frau flüsterten ein bißchen miteinander. Danach stand die alte Dame auf und schaute sich strahlend in der Runde um. Mit viel Charme und Würde und sehr sicher hielt sie eine sehr freundliche und lustige Rede zur Abreise unserer Freunde. Nach dem herzlichen Lachen über einige ihrer Bemerkungen fuhr sie fort, daß die scheidenden Gäste Licht und Freude der ganzen Gesellschaft gewesen seien, das Leben ohne sie würde langweilig sein, daß wir alle ihre geplante Abreise bedauerten. Die glänzenden Komplimente, die sie austeilte, machten ihre Zuhörer Beifall rufen und lachen. Dann lobte sie alle Sänger und dankte ihnen für die Freude, die sie uns gegeben hatten, sie hatte sogar freundliche Worte für die drei englischen Gäste. Als sie sich setzte, erhob sich ein Sturm von Beifall und Heiterkeit.

Danach rundete der Professor die Rede seiner Frau mit ein paar gefühlvollen Worten ab. Wenig später trennten wir uns für die Nacht.

Am anderen Morgen waren wir früh auf, um unseren Freunden Adieu zu sagen; als sie weg waren, fühlten wir uns traurig, denn auch für uns war die Zeit zur Abreise gekommen, und wir ließen das liebliche, gesunde, freundliche Manderscheid sehr ungern zurück. Die Leute im Hotel Fischer waren immer freundlich, auch die Bauern, die Ochsentreiber, die Frauen an ihren Haustüren, die Mädchen, die den »Dünger«; auffegten, die Kinder, die samstagabends vor den Häusern saßen und Schuhe und Stiefel der Familie putzten, die kleinen Mädchen, die ausgeschickt wurden, widerspenstige kleine Brüder einzufangen oder auch Schweinchen - die ersteren beim Arm, die Ferkel bei einem Hinterbein - hatten immer ein Lächeln oder ein freundliches Wort für uns; es tat uns wirklich leid, diese Menschenfreundlichkeit hinter uns zu lassen. Allerdings fanden wir, als wir weiter fuhren, daß diese herzliche Freundlichkeit gegen Fremde allgemein ist, zumindest in der Vordereifel, denn wohin auch immer wir kamen, wurden wir mit Lächeln und Willkommen aufgenommen.

7. Kapitel

Kyllburg

IT takes about three hours (with luggage) to drive the fifteen miles between Manderscheid and Kyllburg; the road is very hilly.

Es dauert - mit Gepäck - etwa drei Stunden, die fünfzehn Meilen zwischen Manderscheid und Kyllburg zurückzulegen; die Straße ist sehr hügelig. Erst gegen vier Uhr brachen wir auf, über Tag war die Hitze zu groß. Wir mußten sogar das Verdeck des Wagens schließen, denn wenn auch ein Teil des Weges durch den Kunowald lief, lag doch sein größerer Teil in der prallen Sonne.

Der Anfang des Weges war der, den wir auch nach Himmerod genommen hatten. Wir passierten Neumühle, das in seiner Mischung von Licht und Schatten lieblicher denn je aussah, dann ging es durch den tiefen Kiefernwald, und wir wünschten uns, wir könnten bis zum Abend in seiner köstlichen Frische und seinem Schatten herumwandern.

Aber wir mußten weiter, mit der Aussicht auf eine Rast in Eisenschmitt im Salmtal. Eisenschmitt schien sehr hübsch zu sein: es liegt gut an einem Abhang, der bis zur schnellfließenden Salm reicht. Diese sah aus, als ob man dort gut fischen könnte, und das Gasthaus Jung, wo wir einkehrten, ist nett eingerichtet und hat zuvorkommende Wirte. Die Wirtin erzählte uns, daß man hier fischen kann, und zeigte uns ihre Zimmer, davon waren zwei ausgezeichnet, dazu hatte sie mehrere kleinere Räume. Ein riesiger Backofen nahm einen breiten Raum neben der Eingangstür ein: das Brot wurde gerade herausgenommen, und es sah weiß und gut aus.

Wie der Wirt sagte, buken sie für einen großen Teil des Dorfes.

Für eine Fußreise wäre Eisenschmitt ein günstiger Ausgangspunkt, Himmerod und Manderscheid sind beide zu Fuß erreichbar, neben vielen anderen, interessanten Punkten.

Von Eisenschmitt aus stieg die Straße wieder an und war weniger bemerkenswert, bis wir Schwarzenborn erreichten. Das nächste Dorf, Oberkail, ist schön gelegen und hat auch ein geräumiges Wirtshaus. Hier findet man auch einige Burgruinen, Reste der Feste der Grafen von Manderscheid- Oberkail. Dies ist ein Geschlecht, das mit den Grafen von Manderscheid eng verbunden ist. Es existiert noch eine Erzählung über einen der Grafen von Manderscheid-Oberkail.

Eine Hauptstraße kreuzt das Dorf; links führt sie nach Wittlich, rechts nach Vianden in den Luxemburger Ardennen.

Die Legende vom Turnier von Oberkail

In alten Tagen herrschte über das Gebiet von Oberkail ein Graf, dessen Tochter war so gut und lieblich, wie ihr Vater berühmt war. Kein schönes Mädchen in der Eifel konnte sich mit der Jungfrau von Oberkail vergleichen. Jedermann lobte ihre Tugenden, ihre Schönheit und ihre Klugheit. Von nah und fern bestürmten sie die Bewerber, aber sie fanden keine Gnade vor ihren Augen. Sanft und bescheiden lehnte sie alle Bewerbungen ab und erklärte, daß sie ihren Vater nicht verlassen wollte.

Der Graf war gerührt von solchem Zeichen von Zuneigung bei seiner Tochter, aber er wunderte sich doch, als sie die reichsten und berühmtesten Ritter des Landes einen nach dem anderen ablehnte.

An der Wand der Eingangshalle der Burg hing ein dunkelgrüner Vorhang, und dahinter war eine enge Tür in der Täfelung, die immer verschlossen war; drinnen hatte die verstorbene Gräfin kurz vor ihrem Tode auf ein Täfelchen schreiben lassen, welche Eigenschaften nach ihrer Meinung der zukünftige Gemahl ihrer Tochter haben sollte. Eine Inschrift auf der Täfelung draußen bestimmte, daß die Tür nicht aufgeschlossen werden dürfe, bis die Jungfrau ihren künftigen Gemahl gewählt hatte.

Im stillen sträubte sich der Graf gegen diese geheimnisvolle Bestimmung und den Zwang, den sie ihm auferlegte; er wußte jedoch, daß seine Frau in guter Absicht gehandelt hatte, und daß ihr einziger Gedanke gewesen war, ihre geliebte Tochter vor einer unglücklichen Wahl zu bewahren. Aber der Graf sagte sich, das sollte ihn nicht stören; wenn Cecilia einen Gatten wählte, würde er sich nicht einmischen, würde der Sache ihren Lauf lassen, was auch immer die geheime Inschrift besagte. Seine Tochter aber hatte ihm mehr als einmal gesagt, daß sie lieber eine Nonne sein wollte, als einen Mann zu nehmen, der nicht die Eigenschaften hätte, die ihre Mutter festgelegt hatte. Der Graf hatte darüber gelächelt und sich gesagt, daß das Mädchen nicht wußte, worüber sie redete.

Für Cecilia verging die Zeit glücklich, bis sie ihren zweiundzwanzigsten Geburtstag feierte. Diesmal, als ihr Vater einen neuen Bewerber vorschlug, antwortete sie lächelnd: »Lieber Vater, ich bin sehr glücklich; das Einzige, was ich will, ist, ruhig hier bei Dir zu bleiben.«

Der Graf hätte nichts lieber gehabt, als sein Kind bei sich zu behalten; aber er hatte lang genug gelebt, um zu wissen, daß Wunschdenken eine unsichere Richtschnur ist, und daß er seine Pflicht versäumte, wenn er nicht für die Zukunft seines Kindes sorgte. Sie war im heiratsfähigen Alter, er konnte nicht immer ihr Hüter sein, und allein gelassen, ohne einen Beschützer, wäre ein Mädchen wie Cecilia den größten Gefahren ausgesetzt. Er entschloß sich, die geheimnisvollen Bestimmungen seiner Frau außer Acht zu lassen und besprach die Sache mit seiner Tochter.

Sie lauschte in ehrfurchtsvollem Schweigen. Als er innehielt, sagte sie: »Ich weiß wohl, lieber Vater, daß alles was Du sagst richtig ist, aber ich sehe nicht ein, warum ich nicht noch manchen Tag warten kann. Solltest Du einmal von mir genommen werden, was Gott noch lange verhüten möge, dann ist das Kloster immer offen für mich, wenn ich Schutz brauche.«

»Das Kloster! Immer das Kloster!« sagte er ungeduldig. »Ich ver-

stehe Dich nicht, Kind; das Klosterleben paßt überhaupt nicht für Dich. Nein, ich will Dich reich und mächtig und geliebt sehen, ehe ich sterbe.«

Cecilia beugte ihr Haupt, um die Tränen zu verbergen, die ihres Vaters Worte bei ihr ausgelöst hatten. Dann sagte sie: »Sage mir, Vater, hast Du bei meinen Bewerbern einen gesehen, der Dir für mich am besten erscheint?«

»Ich habe mehr als einen gesehen, liebes Kind, dem ich Dich freudig anvertrauen könnte, aber Du weißt, ich lasse Dir freie Wahl; ich möchte Dich nicht zwingen.«

»Wie soll ich wählen, Vater, wenn ich keinen von ihnen lieben kann?« Ein schelmisches Lächeln spielte um ihre Wangen.

»Vielleicht ist es ein großer Segen, Kind, daß Dein Herz von Liebe frei ist.«

Cecilias Haupt senkte sich wieder, sie seufzte und errötete tief.

»Es gibt keinen Grund, warum Du nicht mit einem edlen und würdigen Mann glücklich werden solltest. Wenn Du ihn jetzt noch nicht liebst, wirst Du ihn zu lieben lernen, wenn Du seine Frau bist.«

Cecilia unterbrach ihn: »Ich möchte nicht heiraten.«

Ihr Vater fuhr fort, als ob er nicht gehört hätte. »Höre nur, Kind, da Du keine Vorliebe für irgend jemanden fühlst, ist Dein Herz frei; ich schlage deshalb vor, in Oberkail ein Turnier zu veranstalten, und sollte der Sieger Dir gefallen und die Vorzüge besitzen, die Deine Mutter verlangt, soll er Dein Gatte werden. Gefällt Dir dieser Plan?«

»Laß mich darüber nachdenken, Vater. Nach drei Tagen will ich Dir meine Antwort geben.« Cecilia hob die Augen nicht, als sie so sprach.

»Du bist weise,« sagte er, »Prüfe Dein Herz, denke über Deine Bewerber nach, und solltest Du einen unter ihnen finden, den Du zum Gatten nehmen könntest, so komm und sage es mir,Kind; habe kein Geheimnis vor mir.«

Dann küßte er ihre Stirn und verließ sie.

Cecilia bedeckte ihr Gesicht mit den Händen und brach in Tränen aus. Sie bedachte ihres Vaters Freundlichkeit und sein Vertrauen zu ihr. Es war für sie sehr hart gewesen, ein volles Jahr lang das Ge-

heimnis ihrer Liebe zu Lothar von Winneburg zu verbergen. Sicherlich, dachte sie, wäre es besser, ihm jetzt noch den wahren Grund zu nennen, warum sie all diese Ritter und Edelleute zurückgewiesen hatte, die ihre Gunst hatten gewinnen wollen.

Sie fürchtete nicht, daß ihr Vater sie tadeln würde. Lothar war ein jüngerer Sohn und nicht reich; verglichen mit ihr, mußte man ihn arm nennen, aber er war ein vollkommener Ritter; schon in ganz jungen Jahren hatte er sich bei manchen tapferen Taten ausgezeichnet. Jedermann liebte und achtete den Ritter von Winneburg, ihr Vater vor allen anderen; sie wußte, daß er sie Lothar nicht versagen würde.

Aber wie stand es um Lothar? War seine Zuneigung zu ihr mehr als die schützende Liebe eines Bruders für eine jüngere Schwester?

Cecilia konnte sich darauf keine Antwort geben. Von Kind an war sie mit Lothar aufgewachsen, der schon mit sieben Jahren der Sorge des Grafen anvertraut worden war, nach der Sitte der Zeit. Erst war er der Page der Gräfin, dann diente er als Schildknappe dem Grafen, bis er mit einundzwanzig zum Ritter geschlagen wurde und zum Schloß seines Vaters zurückkehrte.

Cecilia wußte wohl, wie ergeben Lothar ihren Eltern gewesen war, aber sie wußte nicht, was er für sie fühlte. Als die Gräfin gestorben war, hatte er geweint wie um seine eigene Mutter; er war immer noch der häufigste unter ihres Vaters Gästen; immer sagte er, die Burg von Oberkail sei seine zweite Heimat, aber nie war er als ihr Bewerber aufgetreten oder hatte ein Wort der Liebe zu Cecilia gesprochen. Wenn er ihre Gefühle teilte, fragte sich das Mädchen, warum scheute er sich dann, sie zu zeigen? Er konnte doch sicher sein, daß der Graf ihn freudig als Sohn empfangen würde. Und wiederum, wenn er sie nur als eine Schwester betrachtete, warum blieb er dann unverheiratet, er, um dessen Zuneigung manche schöne Frau eifersüchtig warb?

»Gott schütze mich und helfe mir, dieses Rätsel zu lösen!« seufzte Cecilia.

Aber sie löste das Rätsel nicht, obwohl sie ihr Bestes tat.

Am letzten der drei Tage kehrte ihr Mut zurück und sie war fähig, einen Entschluß zu fassen.

Sie konnte ihrem Vater nicht eingestehen, daß sie Lothar liebte, weil sie nicht sicher war, daß der Ritter von Winneburg sie ebenfalls liebte. Nein, sie wollte ihres Vaters Entschluß mutig zustimmen, und dann, wenn Lothar sie liebte, würde er in der Reihe der Kämpfer sein Glück versuchen.

»Ich will tapfer sein,« sagte sie, »Gott wird mir Kraft geben, meine Pflicht zu tun, und wenn ich sie tue, wird Gott mich nicht unglücklich werden lassen.«

Nach einer Stunde ging sie in das Gemach des Grafen.

»Tue, was Du glaubst, daß es für mich das Beste ist, Vater,« sie küßte ihn, als sie sprach, »ich will mich Deiner Wahl unterwerfen.«

Sie sagte dies so freudig, daß der Graf sehr erfreut war; er fand kaum genug Worte und Zärtlichkeiten, um seiner Tochter für ihre Zustimmung zu danken.

»Du wirst sehen, mein geliebtes Kind, daß Deine Entscheidung weise war«, sagte er.

»Gott helfe mir!« antwortete Cecilia.

Bald wurde in der Eifel über nichts anderes gesprochen als über das große Turnier von Oberkail, denn der Graf ließ kein Gras unter seinen Füßen wachsen.

Mit allen anderen hörte auch Lothar von Winneburg die Neuigkeit, und daß die schöne Cecilia und das Erbe von Manderscheid-Oberkail der Preis des Siegers sein sollten.

Sofort bestieg der Ritter sein Roß und galoppierte nach Oberkail.

Cecilia empfing ihn. Sie fand, er sah blaß und besorgt aus.

»Verzeih mir«, sagte er ernst, »ich bin gekommen, um zu fragen, ob die Nachricht wahr ist, die ich gehört habe; daß Du als Preis gewonnen wirst vom Sieger im kommenden Turnier.«

Cecilia beugte ihr Haupt.

»Es ist wahr,« sagte sie.

»Möge Gott das verhüten!« rief er.

»Beunruhigt Dich diese Nachricht?«

»Ja, sogar sehr; zunächst muß ich fragen, wie solch ein Plan entstehen konnte.«

»Es ist meines Vaters Idee, er richtete alles ein,« sagte sie schnell, »und - und aus Liebe zu ihm habe ich seinem Wunsch nachgegeben. Aber sage mir, warum Dir der Plan mißfällt?« fügte sie mit einem fragenden Blick auf sein verstörtes Gesicht hinzu.

»Weil es Dein zukünftiges Glück gefährdet, weil Du an einen weggeworfen werden kannst, der Deiner ganz und gar unwürdig ist.«

»Du vergißt meiner Mutter Wunsch - das wird mich bewahren.«

Lothar dachte nach, dann sagte er: »Tatsächlich, ich vergaß das Getäfel. Es mag eine Absicherung sein gegen das Ereignis, das ich fürchte, aber es ist schmerzlich, daß Du solch einer Feuerprobe unterworfen werden sollst; eine freie Wahl wäre Deiner viel würdiger gewesen, und Du bist von den besten Männern unter uns umworben worden. Oh! Warum hast Du diesem zugestimmt?«

Solch trauriger und tiefer Tadel klang aus diesem Ausruf, daß sie zitterte und ein feines Rot ihre Wangen färbte, aber sie erholte sich augenblicklich.

»Warum bist Du so verstört? Du kannst doch nicht glauben, daß mich Eitelkeit bewegt? Ich gehorche nur meines Vaters Wunsch. Dir kann ich das viel besser erklären als ihm. Ja, es stimmt, viele der Besten und Tapfersten haben mich zu gewinnen gesucht, und es wäre nicht schwer gewesen, einen von ihnen zu wählen, wenn - wenn mein Herz frei wäre.«

»Du liebst?« rief der Ritter und wurde totenbleich.

Cecilia warf ihm einen unbeschreiblichen Blick zu, während sie mit ungewöhnlicher Erregung hinzufügte: »Und doch - er, den ich freudig als Gatten nehmen würde, er spricht nicht... Weißt Du nun, warum ich diesem Turnier zugestimmt habe? Warum ich lieber mein Schicksal dem Zufall anvertrauen will, als es durch eine freiwillige Wahl unter meinen Bewerbern festzulegen?«

»Ich verstehe nur, daß Du in Dein Unglück rennst,« sagte er mit eigenartiger Bitterkeit.

»Aber,« sagte Cecilia nachdrücklich, »kann der, den ich liebe, nicht mit im Turnier kämpfen? Kann er mich nicht gewinnen? Vielleicht will er meine Liebe nicht, obwohl ich glaubte, daß er sie teilt. Ich habe zu hoffen versucht, daß nur leere Skrupel ihn gehindert haben, frei zu sprechen - ja, ja, er wird siegen, er wird mich gewinnen -«

Sie hielt inne und errötete tief. Sie konnte ihren Gefährten nicht anblicken.

Hatte er sie verstanden? Seine Augen strahlten, und eine dunkle Glut stieg ihm ins Gesicht; aber seine Stimme war traurig.

»Du sprachst eben jetzt von leeren Skrupeln, Gräfin Cecilia; Ist es nicht möglich, daß der, von dem Du sprichst, sich unwert findet, Dich zu umwerben? Wenn er arm ist und ohne Land, wie kann er Deine Hand begehren?«

Sie unterbrach ihn. »Falscher Stolz! Wenn er auch nicht meinem Vater ebenbürtig ist in seiner Stellung, so ist er doch ihm gleich an Mut und ritterlicher Tapferkeit, und dadurch in allem anderen. Verzagtes Herz! Wenn er mich liebt, warum spricht er nicht?«

Lothar schüttelte abwehrend das Haupt und wandte sich zum Gehen.

»Nein, verlaß uns nicht - heute bist Du unser Gast - Du sollst nicht gehen, mein Vater wäre ärgerlich.«

»Lebwohl,« stammelte Lothar, er schien mit einem Entschluß zu kämpfen. »Ich muß Dich verlassen. Adieu,« sagte er.

Cecilia winkte mit der Hand und eilte davon.

Gräfin Cecilia saß auf dem Balkon über dem Kampfplatz, wo die Damen und diejenigen Ritter und Edlen saßen, die dem Turnier als Zuschauer beiwohnten. Ihr Gewand war herrlich, und sie war mit Juwelen überreich geschmückt, aber sie war so bleich wie der Tod, nur ihre Augen strahlten. Der Mut und die Entschlossenheit, die sie bis jetzt gezeigt hatte, hatten sie verlassen; ihre Aufregung war so groß, daß sie kaum atmen konnte.

Sie erkannte die Wahrheit von Lothars Beurteilung, wie berechtigt sein Tadel war, daß sie diesem Kampf um ihre Hand zugestimmt hatte; jetzt fragte sie sich in tiefer Qual, warum sie nicht auf ihren Vater vertraut hatte.

Noch schmerzlicher war ihr die Erinnerung, daß sie dem Ritter von Winneburg ein Geständnis gemacht hatte, das ihr nur seine offenbare Verzweiflung entrissen hatte. Wie hatte sie alle mädchenhafte Scheu so vergessen können?

»Wenn er nun nach all dem gar nicht zum Kampf erscheint?«

Es schien Cecilia, als ob sie ihm nie mehr ins Gesicht sehen könnte, wenn er nicht unter den Kämpfern erschien. Und wenn er nun kam, und wenn er dann unterlag, selbst wenn er nicht schwer verwundet wurde, wie konnte sie den Sieger heiraten, nachdem sie diese Worte zu Lothar gesprochen hatte? Zuerst war es ihr unmöglich vorgekommen, daß er wegbleiben oder daß er im Kampf erfolg-

los sein könnte, aber jetzt fand sie, daß sie ohne jede Hoffnung war. In dieser unglücklichen Ungewißheit sagte sie sich, daß der Himmel mit solch einer Sünderin, wie sie war, kein Erbarmen haben würde; sie hatte das Leben ihres Geliebten gefährdet und sie hatte ihren Vater getäuscht.

Ein lauter Trompetenstoß kündigte das Erscheinen der Kämpfer auf dem Turnierplatz an; fiebrig musterte Cecilia die Gruppe der Ritter, als sie einritt; sie zügelten ihre Rosse und nahmen die angewiesene Stellung an den beiden Seiten der Schranke ein... Lothar von Winneburg war nicht unter ihnen. Ah! da kam noch ein Ritter, und in diesem letzten Ankömmling, der sich langsam zu den anderen gesellte, wie unwillig, am Kampfe teilzunehmen, erkannte sie ihren Geliebten.

Der Graf hatte ihn auch erkannt. Er beugte sich vor und wisperte seiner Tochter zu: »Dort ist Lothar von Winneburg. Liebt er Dich? Warum hat er denn nichts davon gesagt? Warum hat er sich nicht an mich gewandt, als noch Zeit war?«

Cecilia konnte nicht antworten; ein Band schien ihr Herz zusammenzuschnüren.

Viele Kämpfer waren da... Mehrere angstvolle Stunden gingen um, bis das Feld nur noch zwei Ritter zeigte; einer davon war Lothar von Winneburg.

»Gott gebe ihm den Sieg!« sagte der Graf. Er war ganz erregt worden, als er den Erfolg sah, den sein früherer Schüler errungen hatte.

Die beiden Ritter und ihre Pferde schienen erschöpft durch den langen und heftigen Kampf, aber sie nahmen ihre Plätze an beiden Seiten des Kampfplatzes ein.

»Heirat soll Tod bedeuten, wenn es nicht Heirat mit Lothar ist,« sagte Cecilia zu sich selbst.

Atemlose Stille herrschte... Dann schmetterten die Trompeten ein langes und ausdauerndes Signal. Als ob er die Worte des Mädchens gehört hätte, spornte Lothar sein Pferd mit frischer Kraft an. Die Ritter trafen mit donnerndem Klang aufeinander; Lothars Gegner wurde von seinem Pferd geschleudert und lag bewegungslos am Boden.

Freudenschreie klangen durch die Luft; denn Lothar war überall beliebt.

Cecilia hörte und sah nicht, was um sie her vorging; die Anspannung war zu groß gewesen, sie sank bewußtlos in ihren Sessel zurück.

Aber wie freudig war ihr Erwachen; sie öffnete die Augen und sah den Sieger vor sich knien, ihre Hand war von seiner umschlossen.

»Folgt mir, meine Kinder,« sagte der Graf. »Es ist noch ein schwerer Augenblick zu überstehen; wir müssen die Tafel befragen, und Lothar ist verwundet. Gott gebe, daß unsere Freude nicht von Tränen getrübt wird.«

Er führte sie in die Burg und erreichte bald die Empfangshalle. Das junge Paar wartete ängstlich, während der Graf einen Schlüssel hervorzog, dann zog er den Vorhang beiseite und schloß das geheimnisvolle Wandfach auf. Laut las er diese Worte: »Der Gatte meiner geliebten Cecilia muß jung sein, gut und tapfer.«

Der Graf wendete sich zu Lothar und seiner Tochter.

»Gott sei Dank,« sagte er voller Ehrfurcht, »zwischen Euch steht kein Hindernis, meine Kinder. Ich bin sicher, daß meine liebe Frau Lothar von Winneburg im Sinn hatte, als sie diese Worte schreiben ließ; welche bessere Wahl hätte sie treffen können?«

Dann fügte er ihre Hände ineinander, und am gleichen Abend wurde ein Bankett gehalten, um die Verlobung dieses glücklichen Liebespaares zu feiern; und viele der besiegten Ritter ertränkten ihre Enttäuschung in dem guten Wein des Grafen.

Hinter Oberkail wurde die Strecke bedeutend interessanter. Bald senkte sich die Straße von ihrer Höhe und folgte dem Lauf der Kyll. Hohe Dämme begrenzten die Straße, und sie waren bis oben hin dicht bewaldet. In die Ferne konnten wir nicht mehr sehen, die Straße war sehr malerisch, aber ganz anders als die Landschaft, die wir bisher gesehen hatten.

Mit der Eisenbahn ist Kyllburg nur eine kurze Strecke von vierzig Minuten von Gerolstein entfernt, und trotzdem ist der Anblick der Landschaft so verschieden, daß man kaum glauben kann, daß diese beiden Plätze so nahe beieinander sind. Anstelle von sonderbar geformten Hügeln mit Krateröffnungen und fantastischen Lavamassen, Wegen, die, wenn

Kyllburg

nicht gebaut, so doch ausgebessert sind mit vulkanischen Aschen, sahen wir, wenn die Straße uns Sicht gab, lächelnde grüne Weiden bis in große Höhen, hier und da mit dunklem Wald bedeckt; aber das düstere Laub wurde angenehm unterbrochen von dem hellen und doch zarten Grün kleiner Hopfengärten, die wir, als wir uns Kyllburg näherten, überall durch die Stadt auf der anderen Kyllseite sehen konnten.

Als wir die Kyll überquert hatten, mußten wir noch steil den Berg hinauf fahren bis zu unserem Hotel. Rechts sahen wir die Eisenbahnschienen; hier tritt die Linie in einen Tunnel ein und verschwindet unter dem Hügel, auf dem Kyllburg zum größten Teil gebaut ist.

Wir hatten schriftlich Zimmer im Hotel Stern oder Starhotel bestellt, einem besseren, wenn auch nicht so anspruchsvollen Haus als der Eifeler Hof. Als wir beim Stern ankamen, erzählte man uns, daß er seit vierzehn Tagen ganz belegt gewesen war. Die ganze Stadt war voll, sagte der Wirt, aber zwei gute und schön möblierte Zimmer waren für uns im Parterre von Hochstraße Nr. 90 reserviert worden, vielleicht vierzig Meter vom Hotel weg.

Wir murrten, aber da war nichts zu machen, also folgten wir unserem Wirt die Straße hinauf bis zu Nr. 90 und fanden zwei freundliche Zimmer, sehr sauber und luftig. Besitzer waren eine Mutter mit einer Tochter in mittleren Jahren, »douce« stille Frauen, die sehr bemüht waren, es uns bequem zu machen. Trotzdem war es lästig, nach einer ermüdenden Reise um acht Uhr wieder auszugehen zum Abendessen im Stern.

Es waren ungefähr fünfunddreißig Leute beim Essen. Das Gesumm der Unterhaltung an der übervollen Mitteltafel klang fröhlich und frisch; es gab junge Mädchen in weißem Musselin mit vielfarbigen Schärpen und bunten Bändern im Haar. Die Gäste in Kyllburg waren bestimmt viel eleganter als die in unserem lieben, idyllischen Manderscheid. Nach dem Abendessen freuten wir uns über den kleinen Spaziergang zurück zu unserem Quartier.

Unsere Betten waren sehr bequem; und als wir am anderen Morgen hinausschauten, schien die Sonne strahlend auf einen kleinen Hopfengarten, fast genau gegenüber unserem Fenster; manche der Stangen müssen vierzig Fuß hoch gewesen sein, und die Wirkung von so viel schwankendem grünen Laub im Sonnenschein war herrlich.

Jedermann schien in Kyllburg einen Hopfengarten zu besitzen, und alle waren fleißig dabei, Hopfen zu pflücken. Das kleine Wohnzimmer unserer Wirtin war eine wahre Laube von schönem, grünem Hopfen; sie und ihre Tochter pflückten abwechselnd, so daß das ganze Haus mit dem angenehmen und beruhigenden Hopfenduft erfüllt war.

Die Umgebung von Kyllburg ist nicht so interessant wie die von Manderscheid; aber die Lage der Stadt hat mehr malerische Schönheit; die Täler sind offener und großartiger, die Kyll ist schon ein stattlicher Fluß und trägt viel zur Schönheit der Stadt bei, die sie fast vollständig umfließt; an einer Stelle trifft sie fast wieder ihr eigenes Bett.

Wir frühstückten im Stern, in einem freundlichen, sonnendurchfluteten Raum, der so vorgebaut ist, daß er die Hauptstraße übersieht. Nach dem Frühstück spazierten wir den Rosenberg hinauf, links vom Hotel; je höher wir kamen, um so schöner wurde die Aussicht über das liebliche Kylltal. Links vor uns lag das Dorf Mahlberg mit seinem modernen Schloß und der alten, in Trümmern liegenden Burg. Beim Zurückblicken hatten wir einen ausgezeichneten Blick auf Kyllburg.

Die kleine Stadt ist sehr malerisch und schön gelegen; an den Hängen und auf der Höhe einer steilen und dicht bewaldeten Landzunge oder Klippe, die langsam ansteigt, bis sie bei der Stiftskirche endet (irrtümlich bei Baedecker St. Thomaskirche genannt). Diese Stiftskirche steht auf dem Gipfel, gerade unter der Ruine des alten Burgturmes, und zusammen formen sie zwei eindrucksvolle Wahrzeichen im Stadtbild. Der Fluß windet sich vollkommen um diese lange Landzunge oder Halbinsel, auf der die Stadt hauptsächlich steht, und die Flußufer sind so steil und hoch, daß es kaum möglich ist, daß die Stadt noch viel wachsen kann; selbst der Nordteil nahe der Eisenbahn liegt in einem tiefen und engen Tal.

Oben am Rosenberg sahen wir einen kleinen Pfad durch die Blumen und folgten ihm durch Felder und Brachland, bis wir den Marienturm erreichten, einen modernen, vierzig oder fünfzig Fuß hohen Steinturm, überragt von einem Standbild der Heiligen Jungfrau. Der Ausblick von oben ist interessant, obwohl wir das fernere Land nicht sehen konnten, aber Mahlberg und das Kylltal waren deutlich. Von hier aus konnte man auch gut verfolgen, wie Kyllburg an den Ufern anfing und den Hügel hinaufgewachsen war bis zu seinem viereckigen Burgturm und seiner schönen Kirche. Es sah von hier oben aus, als ob die meisten Häuser auf zweierlei Niveau gebaut wären.

Es gibt keinen einzigen Schattenplatz am Marienturm, so daß wir wünschten, wir hätten unseren Gang dorthin am Abend gemacht.

Wieder in der Stadt, wendeten wir uns zur Eisenbahnstation und fragten beim Posthotel, ob unsere Manderscheider Freunde angekommen waren. Uns gefiel das Hotel Post, und wir meinten, es sei in kühlerem Wetter angenehm, da es im Tal der Kyll steht mit dem Rücken zur Felswand. Die Wirtin berichtete uns in ausgezeichnetem Französisch, daß unsere

Freunde erwartet wurden. Wir warteten ein paar Minuten und gingen dann langsam zur Brücke zurück. Plötzlich sahen wir ihren Wagen die Straße oben herabkommen, und so winkten wir zum Willkommen, als sie vorbeikamen.

In diesen kleinen Städten und Dörfern ist es nicht leicht, ein gutes Essen zu bekommen, wenn man nicht an der Mittagstafel im Hotel teilnimmt; aber die Zeit, ein Uhr, ist unbequem - zu früh für das dargebotene Dinner, und sie stört bei größeren Ausflügen.

Essen und Wein waren im Stern gut; wir hörten, daß das im Eifeler Hof nicht der Fall war, dieser schien uns auch ein lärmendes Haus. Die Preise im Stern waren mäßig.

Nach dem Essen gingen zwei von uns mit dem Wirt zum Bürgermeister, um einen Angelschein zu erwerben. Als wir zum Haus kamen, sagte der Wirt, nur unser Angler sollte eintreten, der Bürgermeister empfinge keine Damen. Dies war ein sonderbarer Anfang, aber das Gespräch mit unserem Angler war noch merkwürdiger:

»Ich verließ meine Begleiterin, die vor der Tür auf und ab ging, und trat mit dem Wirt ins Büro ein. Dort sah ich den Sekretär des Bürgermeisters in einem weißen Rock mit militärischem Schnitt. Er hörte meinem Ansinnen zu und ging dann in das Büro seines Vorgesetzten, um eine Audienz für uns zu erwirken. Gleich kam er zurück und wies uns in das Bürgermeisterbüro hinten im Haus.

Der große Herr saß an einem Schreibtisch hinten im Zimmer, mit dem Rücken zu uns. Der Wirt trat unterwürfig näher und erzählte ihm, was ich wünschte, während ich im Hintergrund stehen blieb. Der Bürgermeister grunzte, ohne den Kopf zu wenden, und schrieb eilig auf ein Stück Papier. Der Wirt fragte mich nach meinem vollen Namen, und ich gab ihm meine Karte, die er dem Bürgermeister aushändigte, der immer weiter schrieb, aber nicht den Kopf wendete. Er unterzeichnete das Papier und ließ den Wirt das gleiche tun; dieser gehorchte und legte zwei Mark auf den Tisch, dann verabschiedete sich der Wirt, ich sagte Adieu, und der Bürgermeister grunzte wieder als Antwort auf unseren Gruß, aber auch dabei drehte er den Kopf nicht um. Der Wirt gab das Papier dem Sekretär im vorderen Büro; dieser stempelte es und gab es zurück. Es zeigte sich als Erlaubnisschein, mit Angel und Rute in der Kyll zu fischen, und zwar für die ganze Saison. Wir hatten die Erlaubnis ohne Schwierigkeiten erhalten, aber wir mußten doch diesen Bürgermeister mit dem höflichen alten Herrn in Manderscheid vergleichen, der uns aus dem Büro mit in sein Wohnzimmer nahm, und uns seine Bilder und Kuriositäten zeigte.«

Wir gingen die steile Straße hinauf, deren Häuser sich an beiden Seiten eng zusammendrängten, denn der obere Teil der Straße ist viel enger als unten, bis wir die Biegung zur Burgruine erreichten. Hier mußten wir Halt machen vor einer Anzahl Mädchen und lärmender Jungen, die aus einem Gebäude nahe dem Burgturm herausstürmten. Ein wenig dahinter kam ein klug aussehender Priester. Er hatte ein liebenswürdiges Gesicht; als ich auf Deutsch nach dem Weg fragte, antwortete er in ausgezeichnetem Englisch:

»Stören Sie sich nicht an den Ruinen,« er lächelte - »sie sind nicht sehenswert; teilweise ist ein Schulhaus an ihrer Stelle errichtet worden; es ist für diese Jungen und Mädchen, wenn sie zum Religionsunterricht zu mir kommen.«

»Sie haben also die Erlaubnis, in Ihrer Schule Religionsunterricht zu erteilen?«

»Ja, ja,« antwortete er schnell, »wir können den katholischen Glauben lehren. Ich weiß, daß Sie versuchen, besseren Religionsunterricht in Ihren Schulen in England einzuführen. Ich lebte acht Jahre in England, und ich liebe Ihr Land und seine Menschen. Ich lese immer die englischen Zeitungen. Warten Sie einen Augenblick; wenn Sie hier stehen bleiben, schicke ich Ihnen den Schlüssel zur Stiftskirche; die werden Sie sehenswerter finden als die Ruinen.«

Wir standen neben einer kleinen Tür in der Mauer des Pfarrhauses; er nickte uns ein freundliches Lebewohl zu, schloß die Tür auf und war so schnell darin verschwunden wie er gesprochen hatte.

Ein wenig weiter wurde der Zaun viel niedriger und wir sahen, daß das Pfarrhaus ein stattliches Haus war, mit einem hübschen Garten, den hohe Bäumen beschatteten, und weiter hinten einer Wiese. Ein riesiger Mastiff sprang durch das Gras zu seinem Herrn. Bald öffnete sich die Mauertür wieder, und ein kurzsichtiges, sommersprossiges, kleines Mädchen mit einem großen Schlüssel kam heraus. Sie sah uns säuerlich an, als ob sie fühlte, daß wir Ungläubige waren, und ging dann vor uns her. Die Stiftskirche ist ein schöner Bau und gut auf einem breiten Platz aufgebaut, mit dem Kreuzgang gleich daneben. Sie wurde etwa zur gleichen Zeit wie die Burg gegründet; diese ist nun eine Ruine, die nichts Bemerkenswertes mehr hat, während die Stiftskirche, sorgfältig erhalten, noch immer die Hauptkirche von Kyllburg ist.

Offenbar wurde sie öfter erneuert. Im Inneren findet man noch Spuren der alten Glasfenster, die der Kirche von einem der residierenden Geistlichen gespendet worden sind. Gegen die Südwand des Kirchenschiffs sind sechs bemerkenswerte Grabsteine in Hochrelief aufgebaut, von gepanzerten Kreuzrittern und anderen; auf einem lautet die Inschrift »Johannes von Schönburg, Herr von Hartelstein und Ulm«. Einer ist in zwei Stücke gespalten, um Raum für die Kanzeltreppe zu machen.

Unsere kleine Führerin hatte auf Knien gelegen, seit wir die Kirche betreten hatten, so daß wir sie nicht ausfragen konnten. Als sie die Tür aufschloß, um uns herauszulassen, fragten wir sie nach dem Kloster, aber sie schüttelte den Kopf und lief davon.

Wir stöberten etwas herum und fanden schließlich den Zugang zum Kloster südlich der Kirche. Hier sind die Baulichkeiten sehr stark renoviert und von minderer Qualität, indes als Ganzes gesehen macht der Platz einen friedlichen und ruhevollen Eindruck - der Kreuzgang ist wie ein verwilderter Garten mit einer Pumpe in der Mitte; die vier Mauern haben Fenster mit schönem Maßwerk.

Als wir uns noch umsahen, kam eine rotbackige Schwester aus dem benachbarten Konvent in den Hof. Sie trug ein

Joch über den Schultern mit zwei Eimern; während sie einen nach dem anderen an der Pumpe füllte, war ihre Erscheinung in dem starken Effekt von Licht und Schatten sehr anziehend.

Im Anfang des dreizehnten Jahrhunderts lebte auf der Burg von Mahlberg ein schrecklicher Raubritter namens Rudolf. Er raubte und mordete, wo immer er das im Gebiet des Erzbischofs von Trier machen konnte. Er quälte und schreckte die guten Nonnen in dem berühmten Konvent von St. Thomas, daß sie sich nicht mehr aus seinen Mauern herauswagten. Als sie schließlich fanden, daß sie sich selbst innerhalb des Klosters nicht vor seinen Angriffen verteidigen konnten, flohen sie nach Trier.

Der damalige Erzbischof von Trier, Theoderich, war sehr besorgt über die Untaten des mächtigen Wüstlings und erwog ernstlich, wie er dem Einhalt gebieten könnte. Schließlich entschied er, auf den höchsten Punkt von Kyllburg eine starke Festung zu bauen; ein angesehener Hauptmann mit genügend großer Truppe sollte sie verteidigen.

Der Bau des Bergfrieds wurde 1220 begonnen. Als er vollendet war, versammelte Theoderich seine Edlen um sich und räumte ihnen gewisse Rechte in der Burg ein, unter der Bedingung, daß sie ihren Verteidigern in Zeiten der Not helfen sollten. Auch Graf Heinrich II. von Luxemburg verpflichtete sich, auch für seine Nachfolger, daß sofort nach der Vollendung der Festung ein tapferer und treuer Ritter nach Kyllburg gesendet werden sollte, um für die Verteidigung der Burg zu sorgen.

Theoderichs Nachfolger, Erzbischof Heinrich von Vinstigen, gründete die Kirche gerade unterhalb der Burg und danach ein Kollegium für einen Dekan und zehn Stiftsherren. Zuerst lebten alle diese Geistlichen in einem Hause, mit gemeinsamem Speisesaal und Schlafraum, aber die Gründung blühte so auf, daß sie bald in der Lage waren, jeder in seinem eigenen Hause mit Garten zu leben.

Noch immer ist der offene Platz um die Kirche mit schön angelegten Gärten umgeben. Dieser Platz heißt »die Stiftsfreiheit« und war mit Mauer und Turm gesichert. Der Turm ist nun zerstört, aber die Wappen der Grundmauern, die ihn einst trugen, sind nun in die äußeren Mauern des Pfarrhauses eingebaut. Bei unserer Rückkehr bemerkten wir mehr als einen dieser steinernen Reste; manche waren in die Häuserfronten eingebaut.

Hinter der Stiftskirche hatten wir einen herrlichen Blick über das Land, auch kann man da reizende Spaziergänge machen. Von einem Punkt nahe der zerstörten Burg, einem angenehmen, eingeschlossenen Rastplatz mit Sitzen unter dem Schatten hoher Bäume, hatten wir auch einen schönen Blick über Kyllburg und die Brücke. Noch schöner war die Aussicht, als wir zur Straße zurückgingen; links, verschleiert durch einen hohen Vorhang von Hopfenstangen, sah man entfernte, blaue Hügel zwischen den schwankenden Ranken von zartem Grün und Gold. Wir sahen auch, wie steil das hochbewaldete Ufer zur Kyll abfiel, und die vielen Staffeln von Hügeln hinter dem Fluß. Als wir die steile, enge Straße hinaufgegangen waren, war sie fast leer; jetzt hatte sich das Bild gewandelt, alte und junge Frauen standen schwatzend an den Haustüren, während ihre Männer und Söhne, eben von der Arbeit zurückgekehrt, sich am Gespräch beteiligten oder mit den zahlreichen kräftigen Kindern spielten.

Rechts auf einem offenen Platz, waren fünf oder sechs Männer und Burschen dabei, einen gewaltigen, liegenden Baum in Stücke zu schneiden, die so enorm waren, daß sie ohne Spalten nur auf einem riesigen, offenen Kamin verbrannt werden konnten. Ein Mann, ein malerisch aussehender Mensch, ließ plötzlich sein Ende der langen Säge los und schnappte sich seinen flachshaarigen Jungen, der sich zu nah herangewagt hatte. Er gab dem Kind einen herzlichen Kuß und setzte es an einen sicheren Platz neben seine runzelige Großmutter. Ihr lauter Ruf und ausgestreckter Arm hatten den Vater auf seinen waghalsigen Sprößling aufmerksam gemacht.

Dies war ein glückliches, freundliches Bild; es gab einen ganz anderen Eindruck der Kyllburger Einwohner, als man aus den engen, schmutzigen Straßen mit ihren dunkelgrauen Häusern und niedrigen Torbögen hätte schließen können.

Unser Angler ging mit seiner Angelrute zum Fluß hinunter, um sein Glück zu versuchen. Nahe der Hauptbrücke sind gute Partien, um mit der Fliege zu angeln, aber die gefangenen Fische waren weder groß noch gut. Zu angeln scheint hier nicht besonders günstig zu sein, da die Fische hauptsächlich mit Netzen und Fallen gefangen werden. Die Flüsse sind, zumindest in diesen Bezirken, nicht mit soviel Sorgfalt für den Angelsport gepflegt, wie das in England der Fall ist. Man sagte uns allerdings, daß eine oder zwei Meilen kyllaufwärts die Möglichkeiten besser seien, aber wir hatten keine Zeit, es zu versuchen.

Früh am anderen Morgen schlugen wir einen schönen Weg am rechten Ufer der Kyll ein; die gewundene Straße führte durch üppiges Gras, das bis zum Wasser herunterwuchs; auf beiden Seiten des Stroms war die Heuernte im vollen Gang. Das Ufer gegenüber erhob sich immer weiter, bis es zu einem bewaldeten Hügel wurde, auf unserer Seite war es steiler und niedriger. Im Rückblick hatten wir eine großartige Ansicht von Kyllburg auf seinem hohen, baumgesäumten Felsen; vor uns sahen wir das reizende Dorf Mahlberg mit seinem Spiegelbild in dem lieblichen Fluß, der es umfließt, dicht angeschmiegt an den Fuß des modernen Palastes und das alte Grafenschloß.

Es kostete uns einige Zeit, die steile Straße hinaufzugehen, auf deren Höhe das Schloß steht, denn das Dorf ist voller malerischer Winkel. Seine sanitären Verhältnisse sollten verbessert werden, wenn man von den Misthaufen und den verschiedenen Gerüchen aus urteilt, die wir wahrnahmen, aber der Ort ist voller Vorlagen für Zeichnungen - alte Häuser aller Art, mit Ziegeln oder Stroh gedeckt, und unregelmäßigen Fenstern und Türen. Auf halbem Wege wurde unser Künstler so hingerissen, daß er nicht weiter gehen wollte und seinen Feldstuhl mitten auf die schmutzige Straße pflanz-

Malberg an der Kyll

te, um zu zeichnen. In einer Minute stand eine Anzahl Kinder um ihn herum und beobachtete ihn.

Zwei von uns gingen zu den Schloßtoren; ein alter Mann, der aus einer der Hütten gerade in der Nähe kam, sagte uns, daß wir keinen Einlaß zur Besichtigung erhalten könnten, da die Familie gerade dort anwesend war.

Während wir noch verhandelten, hatten wir einen kurzen Blick in eine alte Welt; rechts in einem kleinen Obst- und Gemüsegarten stand ein Brunnen mit rundem Becken und Delphinen, bemoost vom Alter und verwittert; der Brunnen stand tief im Schatten von fruchtbeladenen Apfelbäumen; und am eisernen Tor des kleinen Gartens wuchs eine Eberesche, die mit glühendroten Beeren bedeckt war.

Von der Höhe des Schlosses hatten wir einen schönen Blick über das Land. Es wäre interessant gewesen, die Ruinen von Rudolfs Burg zu sehen; obwohl er jahrelang ein wilder und grausamer Räuber gewesen war, scheint er als Heiliger gestorben zu sein. Die Schwestern von St. Thomas, die er so grausam beleidigt und verfolgt und die er gezwungen hatte, von ihrem Konvent zu fliehen und in Trier Schutz zu suchen, beteten dort so ausdauernd für ihren Feind, daß die Überliefe-

Malberg: Dorfstraße

rung sagt, sein Herz habe sich erweicht, er habe dem Konvent Güter und Land zurückgegeben, die er geraubt hatte, und er sei ein Wohltäter der Kirche geworden.

Als wir wieder bergab kamen, konnten wir unseren Künstler, der noch immer zeichnete, kaum erkennen in dem Schwarm von Männern, Frauen und Kindern, die ihn umdrängten. Unseren Rückweg wollten wir auf der anderen Seite der Kyll machen. Den Weg erfragten wir von einer der vielen Frauen, die ihre Arbeit im Stich gelassen hatten, damit sie das Fortschreiten der künstlerischen Arbeit von ihrer Türschwelle aus beobachten konnten. Wir gingen zum niedrigsten Punkt Mahlbergs hinunter, dann ein paar rauhe Stufen rechts hinauf und fanden uns wieder neben dem Fluß. Die Kyll ist hier sehr lieblich und einsam, mit großartigen, dunklen Wäldern und zarten, grünen Hopfengärten. Ein Stückchen weiter war eine Brücke, und als wir sie überquert hatten, fragten wir nach dem Weg bei einigen braungebrannten Pflückerinnen in den bildschönen Hopfengärten nahe dem Ufer.

Die Frauen schienen zu denken, daß wir den Weg nicht verfehlen könnten. Sie nickten und zeigten gerade weiter. Irgendwie nahmen wir aber eine falsche Richtung und kamen vom Flußufer ab. Bald fanden wir uns in einer Parzelle hoch oben auf dem Ufer. Etwas weiter wurde der Pfad ganz eng, mit einer dichten Hecke rechts, während es links steil hinunter ging bis zu den Wiesen, die den Fluß säumten. Gerade dort trafen wir einen Jungen und ein Mädchen, beide mit einem dicken Sack voll Hopfen beladen. Sie blieben mitten auf dem Pfad stehen und sahen uns gleichmütig an. Es war unmöglich, an ihnen vorbeizugehen, so preßten wir uns eng an die Hecke und sagten ihnen, sie sollten vorwärts gehen. Wären sie größer gewesen, so weiß ich nicht, was wir hätten machen sollen. Trotzdem war der Spaziergang schön; und schließlich erreichten wir eine Holzbrücke am hinteren Ende von Kyllburg. Hier war der Fluß weit, klar und seicht, aber voller Wasserpflanzen.

Der Anblick der Stadt über dem Wasser, hoch auf dem Rücken des Hügels, ist sehr interessant. Von der Brücke aus war der Fluß nach oben und unten wunderbar schön. In der Nähe trafen wir ein Mädchen und ihren Bruder, Tischnachbarn im Hotel: sie war barhäuptig den ganzen Weg vom Sternhotel aus gegangen.

Ein angenehmer Zickzackpfad führte uns durch den Wald, und wir waren gespannt, wohin er uns führen würde. Nach einiger Zeit auf einem hübschen, schattigen Weg kamen wir zum Brunnen in der Hochstraße, gegenüber vom Haus des Bürgermeisters.

Wir meinten, daß Kyllburg ein angenehmer Platz für eine oder zwei Wochen Aufenthalt ist. Man kann einen schönen Spaziergang zur St. Thomaskirche machen, wo einst ein Zisterzienserinnenkloster war, gegründet ziemlich am Ende des zwölften Jahrhunderts durch Ludwig von Deudesfeld und seine Frau Ida. Ihre Tochter war die erste Äbtissin dieser Gründung, die bald reich wurde, und die unter dem Schutz des Abtes von Himmerod stand.

Der kürzeste Weg nach St. Thomas, und der dauert zwei Stunden, ist über den Rosenberg und neben der Kyll durch den Wald zurück. Man kann auch über Kyllburgweiler zurückkehren, aber das dauert drei Stunden. Beide Wege sind sehr schön. Im Wald oberhalb St. Thomas steht die St. Johannes-Kapelle, die im vierzehnten Jahrhundert das Ziel einer Springprozession war. Eine ähnliche Prozession bestand auch zur Abteikirche von Prüm; heutzutage findet die Springprozession von Echternach noch immer zu jeder Sommersonnenwende statt.

Man sagte uns, daß es viel besser sei, nach Fließem zu wandern, als zu fahren, weil man direkt nach Otrang gehen kann, wo der römische Mosaikfußboden sehenswert ist. Nahe bei Kyllburg findet man die Reste der Römermauer, und ein angenehmer Weg führt ganz rund um die Halbinsel, auf der die Stadt gebaut ist; nahe dem Fluß finden sich schattige Ruheplätze.

Unsere freundlichen und gütigen deutschen Freunde aus Manderscheid gingen mit uns bis zur Eisenbahnstation und brachten uns auf den Weg nach Trier. Es tat uns leid, von ihnen Abschied zu nehmen, denn wir hatten mehrere schöne Wochen miteinander verbracht.

Bald kamen wir nach Erdorf, wo eine Eilpost von Bitburg die Eisenbahn erreicht, und von Bitburg ist es leicht, zum Schloß von Vianden zu fahren. Ein Reisender, der diese großartige und schöngelegene Ruine nicht gesehen hat, sollte die Gelegenheit benutzen und Vianden in seine Reise einschließen. Es ist ein wundervoller Platz, früher war es eine der Hochburgen, wo die geheimen Untersuchungen des berühmten Feme-Gerichtes abgehalten wurden. In Vianden gibt es zwei Gasthäuser.

8. Kapitel

Trier

WE passed through much fine scenery in the valley of the Kyll on our way to Treves.

Auf unserem Weg nach Trier sahen wir viele schöne Landschaftsbilder im Tal der Kyll. Ungefähr auf halbem Wege zu der uralten Stadt kamen wir nach Auw; es ist nur ein kleines Dorf, aber es hat eine Überlieferung:

Drei schöne Mädchen, die vor der Verfolgung durch den fränkischen König Dagobert flohen, wurden hier in der Nähe durch einen Esel errettet, der ihr Gepäck trug. Ihre Verteidiger waren von den Kriegern des Königs erschlagen worden, und als die Mädchen das Flußufer erreichten, sprangen sie alle auf den Esel, in der schwachen Hoffnung, daß er ihnen helfen könnte, die Kyll zu überqueren. Zu ihrer großen Überraschung und zur Enttäuschung ihrer Verfolger sprang der Esel mit seiner dreifachen Last über die Kyll. Am Fluß ist oder war eine Inschrift, die an dies Ereignis erinnert.

Etwa zwei Meilen vor Auw hatten wir links der Kyll auf einem Hügel ein Dorf namens Speicher passiert; es heißt, daß in heißen Sommernächten im Tal neben der Kyll eine schwache, klagende Stimme voller Jammer gehört werden kann.

Einstmals wurde in einem der größten Häuser des Dörfchens auf dem Hügel eine großartige Hochzeit gefeiert. Die Fröhlichkeit dieses Festes war sehr groß; das lustige Lachen der Gäste und die heitere Tanzmusik klangen durch die offenen Fenster weit bis zu den Ufern der Kyll. Hier lebte, tief verborgen unter den dicht wachsenden Weiden, eine Schar der »kleinen Leute« eng beieinander, winzige, graue Männlein mit kleinen, roten Käppchen. Das waren Erdmännchen, die in den Löchern und Höhlen der Felsen lebten und selten ans Tageslicht kamen. Aber heute lockte der bezaubernde Klang der Geigen und Flöten sie früher als üblich aus ihren Höhlen.

Wie schön klang die Musik! Und wie einladend sahen die hell erleuchteten Fenster des Hauses in der Dunkelheit aus, die sie nun schon ganz umschloß! Die kleinen Burschen wünschten sich, sie könnten an dem Hochzeitsfest teilnehmen. Welche Freude wäre es, nur einmal mit der Braut oder ihrer hübschen Brautjungfer zu tanzen! Aber das konnte niemals geschehen, die Menschen waren so böse, daß sie mit dem kleinen Volk nichts zu tun haben wollten. Natürlich, wenn sie ihre Dienste brauchten, wenn sie einen Schuh oder einen Rock geflickt haben wollten, war es etwas anderes. Über diesem Gedanken ließen die armen kleinen Erdmännchen ihre rotbemützten Köpfe hängen und seufzten; es machte sie so traurig, daß sie von der Gemeinschaft mit Menschen ausgeschlossen waren: sie liebten sie nämlich mehr, als die menschlichen Geschöpfe glaubten.

Auf einmal sagte eine leise, spitze Stimme: »Ihr sagt, wir dürfen uns nicht ins Haus wagen; jedenfalls könnten wir das Hochzeitsfest von außen beobachten. Warum können wir uns nicht auf die Fensterbank des Tanzsaales setzen? Niemand wird uns bemerken.«

Die anderen sahen ihren kleinen Bruder an, aber sie schüttelten ihre kleinen, rotbemützten Köpfe. Der Vorschlag klang verlockend, aber er kam vom allerjüngsten des Stammes, und die Jugend ist immer optimistisch und anmaßend.

»Stellt Euch vor, sie sehen uns!« sagte einer der älteren, »Sie würden uns jagen.«

»Ach, das wollen wir wagen; ehe einer von ihnen die Tür erreicht hat, sind wir verschwunden, wir haben flinke Beine. Wie können wir sie stören, wenn wir ihrer Freude zusehen? Wir wollen ihnen ja nichts Böses.«

»Junge, Du verstehst nicht, was Menschen für sonderbare Wesen sind,« sagte einer der älteren Erdmänner. »Sie lieben ein Ding

und hassen ein anderes; sie wollen dieses und nehmen trotzdem jenes, und können oft selbst nicht begründen, was sie tun. Ich kenne sie wohl.«

Was war zu tun? Der junge Erdmann saß und überlegte und überlegte; die Versuchung war zu stark, er konnte ihr nicht widerstehen.

»Laßt es uns nur dies eine Mal versuchen!« rief er; und in einem Entschluß standen sie alle auf und waren bereit, ihm zu folgen.

Achtsam folgten sie ihrem abenteuerlustigen Führer und erreichten das hellbeleuchtete Haus. Sie suchten sich einen bequemen Standpunkt auf einem Fensterbrett, wo sie sicher standen und sich am Anblick des Ballraums satt sehen konnten.

Wie lieblich war die Braut! Und wie großartig der Bräutigam aussah! Und die hübsche Brautjungfer trug einen glänzenden Reif in ihrem goldenen Haar. Das Männchen, das das Unternehmen angeführt hatte, konnte sich nicht satt sehen; niemals hatte es etwas ähnliches erblickt, und sein Staunen war so groß wie sein Entzücken.

»Ach, wenn wir mitmachen könnten!« seufzte es. »Menschen sind doch sehr zu beneiden.«

Sein Nachbar war schon älter, er hatte schon viel gesehen und war gereist; er zuckte die Schultern.

»Hm, man könnte sie beneiden, wenn sie besser und klüger wären.«

Der Junge sagte zu sich selbst, »Ach, alles schön und gut, aber das ist nur ein Vorurteil; die Alten denken immer, sie wüßten alles besser; natürlich, wir Jungen haben keine Ahnung! Ich glaube nicht, daß die Menschen so böse sind, wie die Alten sagen.« In seiner Gier, alles zu sehen, und in seiner Entschlossenheit, sich nichts entgehen zu lassen, beugte sich der kleine Mann vorwärts gegen das Fenster; sein Kopf schlug scharf gegen den Pfosten, und er schrie vor Schmerz laut auf.

Einer der Gäste hatte nah genug an diesem Fenster gestanden, um den Schrei des Erdmannes zu hören, und er schaute schnell hinaus, was diesen sonderbaren Laut verursacht hätte. Das Männlein sprang schnell zurück, aber das Mondlicht fiel voll nach dieser Seite und verriet die kleine Gesellschaft von Zuschauern auf dem Fensterbrett.

»Die Erdmännchen spionieren uns aus! »rief der erstaunte Gast den anderen Festteilnehmern zu.

»Hier, Jungens, los, wir wollen das elende Ungeziefer jagen!« schrie der Bräutigam.

Die Erdmännchen flohen in vollem Lauf zu ihrem Felsversteck, aber verschiedene der Hochzeitsgäste, angeführt vom Bräutigam, verfolgten sie und bewarfen sie mit Steinen. Schließlich schrie einer der Jungen frohlockend auf, er bückte sich und hob ein kleines glänzendes Ding auf.

»Seht nur, was für einen Fund ich getan habe!« sagte er.

Die anderen hielten an, vor lauter Neugierde vergaßen sie ihre Jagd. Sie wollten ganz genau untersuchen, was der Junge gefunden hatte, nämlich einen winzigen goldenen Pantoffel.

»Er muß den kleinen Wesen gehören,« sagte einer von ihnen.

»Was für ein kümmerliches Ding!« sagte ein anderer.

»Aber es ist aus reinem Gold,« sagte ein dritter. »Fühlt nur, wie schwer es ist.«

»Laßt es uns mit zur Höhle nehmen, vielleicht kommt der Schurke heraus, um es zu holen.«

»Nein, nein, es ist viel besser, wenn wir es zum Goldschmied bringen; dann können wir uns davon zu trinken kaufen.«

Dieser Vorschlag fand Beifall. Der kleine Schuh wurde dem Goldschmied gebracht, der den halbberauschten Jugendlichen eine Kleinigkeit dafür gab, die sie sofort in Wein und Schnaps umsetzten.

Während die rauhen Burschen so hinter den Erdmännern herjagten, war der kleine, vorwitzige Elf durch den Verlust seines Schuhs schrecklich gestraft. Er lief herum und suchte ihn, weinend und klagend, denn er wußte - armer, kleiner, unbesonnener Wicht - daß er nie wieder seinen Brüdern entgegentreten durfte mit nur einem Schuh an seinen Füßen. Sie betrauerten seinen Verlust ebenso wie er, aber sie hatten nicht die Macht, das Gesetz ihres Stammes zu ändern. Der arme Zwerg fand seinen Schuh nie wieder, denn er suchte nicht beim Goldschmied: immer noch sucht er ihn mit Weinen und Klagen in jeder Nacht in dem bewaldeten Tal. Seine Brüder können ihm nicht helfen, wenn ihnen auch das Herz blutet um seinen Schmerz. Nie wieder sind sie zu einer Hochzeit gegangen, aber sie haben sich an dem grausamen Bräutigam gerächt, der mitten in seinem Glück so gnadenlos die Kleinen jagte und ihren armen kleinen Gesellen beraubte. Ehe noch das neuvermählte Paar das Haus verließ, legten die Erdmännchen über den Bräutigam einen Zauberbann. Als sein erstes Kind geboren war, war es sehr klein und wuchs auch nicht viel mehr, und jeder seiner Brüder und Schwestern war so winzig, daß die Familie den Namen »die Stumps« erhielt.

Kurz vor der Ankunft hatten wir einen guten Überblick über Trier oder Tréves.

Als wir vom Bahnhof zum Hotel Venedig fuhren, kamen wir nahe an der großartigen, alten Porta Nigra vorbei. Sie kam uns diesmal noch imponierender vor als bei einem früheren Besuch. Sonst schien uns die alte Stadt nicht sehr verändert, als wir hindurch fuhren, außer durch den dauernden Lärm der Straßenbahnklingeln. Diese bequemen Fahrzeuge kreuzen jetzt ununterbrochen von einem Ende der Stadt zu anderen, aber sie stören den altmodischen Reiz des Ortes sehr.

Trier ist eine wunderbare Stadt, sicher eine der interessantesten Europas; die Reste römischer Bauwerke in Trier sind diesseits der Alpen bestimmt einmalig. Am besten ist es al-

Trier: Die Porta Nigra

lerdings, die Stadt bei schönem Wetter zu besuchen, denn bei bewölktem Himmel wirkt sie etwas düster.

Unser Hotel Venedig hatte eine ausgezeichnete *table-d'hôte* und war sehr bequem und preiswert; allerdings sind die Frontzimmer laut wegen der dauernd fahrenden Straßenbahnen. Es scheint eigentlich besser, die Stadt »Tréves« anstatt »Trier« zu nennen, da sie ihren Namen von den alten Bewohnern hat, den Treverern oder Treviri, vermutlich Kelten oder Gallier, die einige Zeit unter Teutoneneinfluß gestanden hatten; man sagt, sie seien von Julius Caesar im Jahr 56 v. Chr. erobert worden.

Augustus muß wohl begonnen haben, die Stadt auszubauen, und Claudius machte sie zur Militärsiedlung, Colonia Augusta Trevirorum: bis zum vierten Jahrhundert war sie die bevorzugte Residenz der römischen Kaiser geworden, und ein Bischof von Trier war ernannt worden. Ausonius nennt Trier die zweite Metropole des Reiches. Anfang des fünften Jahrhunderts wurde die Regierung nach Arles verlegt. Die Stadt wurde dann von Bischöfen und Erzbischöfen verwaltet und im neunten Jahrhundert von den Normannen niedergebrannt. Die Macht des Erzbischofs war im elften und zwölften Jahrhundert am größten. Im vierzehnten begründete der berühmte Erzbischof Balduin, der Bruder Kaiser Heinrichs des Siebten, das Kurfürstentum Trier. Der letzte Kurfürst, Clemens Wenzeslaus von Sachsen, verlegte seinen Regierungssitz nach Koblenz gegen Ende des achtzehnten Jahrhunderts. Danach eroberten die Franzosen die Stadt, sie wurde aber 1815 an Preußen überlassen.

Der Tag nach unserer Ankunft war der Gedenktag der Schlacht bei Sedan, und die Hoteldiener versicherten uns, daß wir aus unseren Hotelfenstern die allerbeste Aussicht auf den Festzug haben konnten, besser als irgendwo sonst; aber wir hatten uns entschlossen, dieses Freudenfest mit seinem Lärm und Trubel zu vermeiden.

Zuerst gingen wir zum Marktplatz, der sehr eindrucksvoll ist. In einer Ecke liegt das Steip-Haus aus dem fünfzehnten Jahrhundert, erbaut für den Bürgermeister der Stadt. Jetzt bildet es einen Teil des Hotels »Rotes Haus«, das aus dem siebzehnten Jahrhundert stammt. An seiner Frontseite steht die Inschrift:

»ANTE ROMAM TREVIRIS STETIT ANNIS MILLE TRECENTIS – PERSTET ET AETERNO PACE FRUATUR. AMEN.«

Dies weist auf die mittelalterliche Überlieferung hin, daß Trier dreizehnhundert Jahre vor der Existenz Roms gegründet worden war, und zwar durch Thebetas, den Sohn des assyrischen Königs Ninus, eine Behauptung, die uns bis zur Kindheit Abrahams zurückbringt!

Mitten auf dem Platz steht das Marktkreuz, errichtet durch Erzbischof Heinrich, zur Erinnerung an die Kreuzerscheinung von 898. Eine Legende sagt, daß dies ein wunderbares »Erscheinen von Kreuzen auf der Kleidung der Leute« war.

Der Marktplatz von Trier

Die St. Gangolfkirche steht an der Südseite des Marktplatzes. Dort findet sich auch ein hübscher Renaissancebrunnen, der St. Peter geweiht ist. Kurz danach kamen wir zu der mächtigen, alten Kathedrale. Diese ist eher großartig und eindrucksvoll als schön, aber sie verdient volle Aufmerksamkeit wegen ihrer Überfülle von geschichtlichen Verbindungen;

man kann die verschiedenen Stufen der Erbauung gut verfolgen, angefangen mit der römischen Gründung im vierten Jahrhundert. Der weitbekannte »Heilige Rock« wird in dieser Kathedrale aufbewahrt, er wurde im Jahr 1844 und 1891 gezeigt. In der Schatzkammer sind noch viele andere kostbare Zeugen der Vergangenheit.

Von der Kathedrale gingen wir zur Liebfrauenkirche, die den Dom fast berührt und mit ihm durch einen reizvollen-Kreuzgang verbunden ist. Die Liebfrauenkirche ist sehr schön; das Innere ist kreisförmig, darin formen anmutige Säulenreihen ein deutliches Kreuz. Sie stammt aus dem dreizehnten Jahrhundert, und man sagt, sie sei eine der vollkommensten Kirchen Deutschlands. Obwohl sie hundertvierundzwanzig Fuß hoch ist, nimmt sie keinen großen Raum ein; und doch kann die Liebfrauenkirche wegen ihrer unvergleichlichen Anmut und luftigen Schönheit des Innenraumes den Platz unter den deutschen Kirchen einnehmen wie St. Ouen in Rouen unter den französischen. Vor kurzem ist die Liebfrauenkirche restauriert worden.

Wir wanderten weiter, an einigen interessanten, alten Bauwerken vorbei zu der gewaltigen, in rotem Ziegelstein erbauten Basilika, einem anderen römischen Baudenkmal des dritten und vierten Jahrhunderts. Außer den Grundmauern ist von dem Originalbauwerk nur wenig übriggeblieben, an der Westseite und an der Apsis, die nördlich liegt; jetzt wird sie als lutherische Kirche genutzt. Nahe dabei ist der Erzbischöfliche Palast, erbaut im siebzehnten und achtzehnten Jahrhundert. Jetzt wird er als Kaserne gebraucht. Davor liegt ein großer, staubiger Platz, früher das römische Forum, dann der erzbischöfliche Garten, und nun ein Parade- und Exerzierplatz. Wir dachten an die armen Soldaten, die hier gedrillt werden, im vollen Sonnenschein auf dem ungeschützten Platz.

Wir suchten etwas Schatten und fanden in einer Ecke des Platzes, vom Gebäude etwas entfernt, einen prächtigen Blumengarten mit einer Laube, Sitzen und Tischen vorn am Tor. Dies war offen, und als wir näher traten, sahen wir Gruppen von alltäglich aussehenden Kindern drinnen im Schatten sitzen. Wir schlossen daraus, daß dies ein öffentlicher Garten sei und traten ein. Ein paar Schritte brachten uns zu Blumenbeeten von solcher Schönheit, daß wir in unserem Entzücken über diese Farbenpracht fröhlich der Sonnenhitze trotzten - Beete von orange und roten Zinnien, von tiefroten und schneeweißen Chinaastern, von verschieden geformten Levkojen und japanischen Nelken, alle sehr groß und starkfarbig, Salpiglossen, Verbenen und schöner Phlox, darüber hinaus eine Fülle von Busch- und Strauchrosen. An einer Seite waren die Rosenranken an Drähten gezogen und bildeten eine Schutzwand über der niedrigen Mauer, die den Garten umgab. Durch all diese Schönheit waren wir sehr erfreut und erfrischt, und da die Sitze in der Laube nun frei waren, setzten wir uns dort hin.

Während wir darüber nachdachten, ob an der anderen Seite dieses Blumenparadieses wohl ein Ausgang wäre, sagte einer von uns: »Seht mal hinüber zur Kaserne. Warum starren uns die Soldaten so an?«

Ja, sie musterten uns, da war kein Zweifel; drei Soldaten und ein Offizier standen vor dem großen Gebäude und beehrten uns mit einem steten, ochsenähnlichen Starren; wir starrten zurück, und zwei der Soldaten bewegten sich langsam auf das Gartentor zu.

Irgendwie kam es uns vor, als ob da ein Haar in der Suppe wäre, und wir gingen ebenfalls zum Tor.

Einer der Soldaten stand dort, als wir es erreichten.

»Guten Tag,« sagte ich in meinem besten Deutsch, »dies ist ein reizender Garten, er ist so gut gepflegt, und die Blumen sind schön. Es ist ein öffentlicher Garten, nicht wahr?« denn uns kamen doch Zweifel.

»Nein, er ist nicht zum Spazieren für Leute,« sagte er ernst, »er gehört zur Kaserne; tatsächlich ist es unser Garten.«

Wir waren entzückt; solch ein hübscher, gutgepflegter Garten nur zur Erholung für diese rauhen Soldaten!

»Es tut uns leid, daß wir gestört haben; wir dachten, der Garten sei öffentlich.«

Der kleine Soldat lachte und sah liebenswürdig aus.

»So,« sagte er, »es ist schließlich kein großes Vergehen. Guten Tag.«

Dieser deutsche Soldat war zweifellos ein Blumenfreund, unsere Bewunderung des Gartens schien ihn zu freuen. Wir dachten, welche Quelle der Freude er sein mußte, in einer Stadt wie Trier, für ihn und seine Kameraden, die Blumen und Gartenarbeit liebten.

Im Südosten dieses Exerzierplatzes oder Palastplatzes stehen Bäume, und hier finden sich hinter einer Einzäunung die Reste des Caesarenpalastes; durch ein Tor im Zaun kann man hineingelangen. Diese Ruinen sind außerordentlich interessant, und von ihnen aus kann man leicht die baumbestandene Promenade erreichen. Diese Promenade erstreckt sich um drei Seiten der Stadt. Früher, ehe der Römerpalast ausgegraben war, glaubte man, dies sei ein römisches Bad. Die Ruinen waren zu dieser Zeit unter Müll begraben; das ist nun alles fortgeschafft worden. Der Palast soll zur Zeit Konstatins des Großen erbaut worden und von der Kaiserin Helena bewohnt worden sein , von der man glaubt, daß sie bei der Erbauung der Kathedrale mitgewirkt hat.

Den besten Blick auf den Kaiserpalast hat man von der Promenade »Ostallee«. Hierher kommt man von den Ruinen, aber nicht vom Palastplatz, außer durch die Ruinen. Nur ein kurzer Weg führt vom Ende der Ostallee zum römischen Amphitheater, einem sehr interessanten Überbleibsel des alten Trier. Das Amphitheater ist zwischen zwei Hügeln angelegt, und die Käfige der wilden Tiere und die Mauern der Arena können noch gut erkannt werden; es faßte vierzig- bis fünfzigtausend Zuschauer, die hier manch gräßliches Blutvergießen gesehen haben müssen, auch noch zu Konstantins Zeiten. Über die Südallee hätten wir jetzt schnell die römischen Bäder erreichen können, aber wir waren hungrig und müde, daher nahmen wir einen Wagen und fuhren zur Moselfähre in Zurlauben.

Der Blick die Mosel hinauf und hinunter war reizend; gegenüber lag das kleine Dörfchen Pallien, an hohe, rote Sandsteinfelsen angelehnt, dem gleichen Sandstein, aus dem die alte Stadt gebaut worden war.

Wir verließen unseren Wagen und gingen über eine Holzbrücke zu der kleinen Insel, dort fanden wir die Fähre, die uns ganz leise und zauberhaft mittels eines Zugseils übersetzte. Drüben fanden wir uns im Dorf Pallien. Von hier aus war die Aussicht die Mosel hinauf und hinunter sehr schön; stromabwärts auf Koblenz zu erheben sich rote Sandsteinklippen steil über dem blauen, gewundenen Strom; unter der strahlenden Sonne und dem wolkenlosen Himmel war der Eindruck herrlich. Stromaufwärts fügte sich die schöne alte Steinbrücke mit ihren schweren, römischen Strebepfeilern mit der schönen Mosel, der Stadt und den umgebenden Hügeln zu einem wunderbaren Bild.

Von Pallien aus stiegen wir eine lange Flucht steiler Stufen hinauf, dann erreichten wir das starkfarbene, rote Felsplateau über einen terrassenförmigen, schattigen Pfad. Zwischen den Zweigen ergaben sich entzückende Blicke auf die blaue Mosel, das entferntere Land und genau gegenüber auf Trier selbst. Oben auf dem Fels fanden wir das Café Bellevue in einem hübschen Garten, der von Akazien beschattet war, mit schöner Aussicht moselauf und -ab, und auf der Gegenseite lag Trier ausgebreitet vor uns. Wir konnten das schwarze Tor, den Dom, die Basilika und all unsere alten Freunde sehen; wir hörten dann und wann die Musik der Kapellen, wie sie

Trier: Amphitheater

durch die Straßen marschierten. Für die Trierer Bevölkerung muß es eine große Wohltat sein, daß diese schön gelegenen Gartenrestaurants so nahe an der Stadt gelegen sind. Auf dem gleichen Hügel wie das Bellevue liegen der Schneiders Hof und das Weißhaus; noch höher oben, auf der Spitze des hohen Hügels, ist der Kockelsberg, von wo aus, wie man uns sagte, der Blick noch schöner sein sollte; aber wir waren mit dem Bellevue ganz zufrieden.

Als wir ankamen, konnten wir im Garten, obwohl er noch leer war, keinen Tisch unter den Bäumen finden, der nicht reserviert war; als wir nach einem fragten, sagte die Bedienerin feierlich: »Die Gäste kommen gleich.« Aber als sie dann merkte, daß wir essen wollten und nach Wein fragten, zerschmolz sie in Lächeln, fand für uns einen freien Tisch, und brachte uns nach kurzer Zeit ein ausgezeichnetes Mahl: ein Omelett, ein gebratenes Hühnchen mit leckerem Salat und eine Flasche guten Brauneberger.

Es war sehr schön unter den Bäumen an der Gartenseite, während wir das wechselnde Spiel von Licht und Schatten auf dem Fluß beobachteten und uns daran erinnerten, daß eine erhitzte, aufgeregte Menge Leute durch die Straßen der Stadt drängte. Wir blieben sitzen bis zum Sonnenuntergang; wir beobachteten, wie die Glut tiefer wurde und dann verblaßte auf der blauen Mosel, ihren reizenden Biegungen und felsigen Klippen, bis sie verschwand auf ihrem Weg nach Bernkastel.

Lautes Sprechen und Lachen kam den Hügel herauf und kündigte uns an, daß unsere köstliche Einsamkeit vorüber war. Bald kamen zu zweien oder dreien junge und alte Trierer Bürger hier zusammen, zum Essen, zum Kaffeetrinken oder zum Bier, und verbrachten ihren Abend auf dem Bellevue. Besonders eine Gruppe Jugendlicher fiel uns auf; während ihres bescheidenen Mahls ließ einer von ihnen einen kleinen, gasgefüllten Ballon steigen, und er und seine Freunde beobachteten ihn voller Vergnügen; sie schüttelten sich vor Lachen und klatschen begeistert Beifall, als das kleine Fleckchen höher und höher in die Luft stieg, bis es nicht mehr zu sehen war.

Wir gingen hinunter, so vollkommen ausgeruht und erfrischt, daß wir nicht die Fähre und Holzbrücke benutzten, sondern an der Mosel entlangspazierten, bis wir die sehr interessante Steinbrücke erreichten, die noch immer auf einigen ursprünglich römischen Pfeilern ruht, die aus dem Jahr 28 vor Chr. stammen sollen. Nahe an dieser massiven, alten Brücke ist ein großartiges, schwimmendes Badehaus. Hinter der Brücke kamen wir an einer Straße vorbei, die zu den römischen Bädern führte, aber es fing an zu dunkeln, eine Straßenbahn stand gerade wartend da, und wir stiegen gern ein und konnten an unserem Hotel aussteigen.

Trier: Die römische Brücke

Am anderen Morgen gingen wir erneut zum Dom; er ist wirklich sehr eindrucksvoll. Beim Frankeneinfall im vierten Jahrhundert war er niedergebrannt worden; im sechsten wieder aufgebaut und im neunten wiederum zerstört durch die Normannen. Er scheint eine geraume Zeit ohne Dach gestanden zu haben. Eine Überlieferung sagt, daß Schäfer ihre Herden zwischen den zerstörten Mauern weiden ließen. Der größte Teil der jetzigen Kathedrale scheint im Jahr 1212 vollendet worden zu sein, einiges wurde später hinzugefügt oder restauriert. Zwei der Denkmäler aus dem sechzehnten Jahrhundert sind bemerkenswert.

Die Schatzkammer besuchten wir nicht, obwohl der Küster uns dazu drängte; durch eine Tür im Südchor fanden wir einen Weg in den schönen Kreuzgang, der den Dom mit der Liebfrauenkirche verbindet; dieser wie die schöne Kirche, zu der er führt, sind im gotischen Stil des dreizehnten Jahrhunderts errichtet. Aber wir fanden alles voller Arbeiter und ihren Gerätschaften. Wir konnten nur hoffen, daß sie Säuberungsarbeiten durchführten und nicht neue Restaurationen. In einer Ecke des Kreuzgangs sahen wir die Reste des »Krummel-Stuhls«, eine Art Gerichtsbank für die Rechtssprechung bei religiösen Vergehen, ebenso eine eigenartige, steinerne Laterne.

Wir gingen zum Marktplatz zurück und fuhren mit der Straßenbahn in Richtung der römischen Bäder. Diese sind sehr ausgedehnt und sehr interessant. Fast alle Reste, die jetzt freigelegt sind, wurden in den letzten zwanzig Jahren ausgegraben, und obwohl die Gebäude nicht über das Grundniveau herausragen, kann man doch die genaue Lage der verschiedenen Räume verfolgen, die das System eines römischen Bades bilden. Ein sehr guter Plan der Bäder wird am Ort für 10 Pfennige verkauft. Mit Hilfe dieses Plans konnten wir alle Einzelheiten entdecken, und sie waren die Betrachtung wohl wert; in diesen Bädern konnte eine große Anzahl Badender ihren Platz finden.

Über allem bleibt doch der bedeutendste der römischen Reste in Trier, die großartige Eingangspforte, die Porta Nigra, das schwarze Tor, das so wundervoll in seiner dunklen Farbe von der anderen Moselseite hervorsticht. Es ist ziemlich plump gebaut, aber es ist wundervoll gut erhalten; der malerisch beste Blick darauf ist von der Nordseite. Man hat gesagt, daß dieses Tor überhaupt nicht römisch ist, sondern ein Nachbau aus dem Mittelalter; jedoch der Beweis für diese Behauptung scheint sehr schwach.

Die grimmigen, schwarzen Mauern des alten Tores behüten die Stadt; sie sind fast so standfest und unerschüttert, wie sie im vierten Jahrhundert gewesen sein müssen. Es läuft noch eine Straße unter dem Mittelbogen des Tores durch.

Die Farbe des Steins hat sich natürlich sehr verändert, und hier und da sind die großen Blöcke ziemlich zerbröckelt. Im elften und achtzehnten Jahrhundert wurden dem Originalgebäude einige Anbauten angefügt, aber bei all dem ist das Tor wundervoll erhalten, ein Beweis dafür, wie man fünfzehn oder sechzehn Jahrhunderte zuvor bauen konnte. Die riesigen Sandsteinblöcke sehen aus, als ob sie noch einmal so lange stehen könnten; manche von ihnen sind acht oder neun Fuß lang, sie sind nirgendwo durch Mörtel oder Zement verbunden, sondern wurden hier und da durch verborgene eiserne Klammern gesichert, die allerdings im Mittelalter des Eisens wegen meist weggenommen wurden.

Innerhalb des Gebäudes zeigte uns unser Führer die Initialen der verschiedenen römischen Steinmetze, die da gearbeitet hatten; diese Werkzeichen findet man auch auf einigen Außenflächen. Hölzerne Treppen führen im Gebäude hinauf. Der Westturm hat vier Stockwerke, der östliche nur drei, diese Türme sind durch zwei Galerien verbunden, und unter der untersten ist der doppelte Torbogen.

Anfang des elften Jahrhunderts, 1028-1035, lebte ein Mönch aus Syrakus, Simeon, allein im Ostturm, und der damalige Erzbischof Poppo machte zwei Kirchen aus dem Schwarzen Turm, eine auf dem ersten, eine auf dem zweiten Stock. Der Chor am Ostende wurde im dreizehnten Jahrhundert zugefügt, andere innere Veränderungen im achtzehnten Jahrhundert. Aber zu Beginn dieses Jahrhunderts wurden die Kirchen entfernt, und 1876 wurde das Bauwerk wieder in seiner Originalform hergerichtet; der Chor an der Ostseite blieb allerdings erhalten.

In einer Art Lagerraum sahen wir zahlreiche Fragmente herrlich gemeißelten Marmors aus dem nahegelegenen römischen Palast, römische Töpferware, Schädel und andere Menschenknochen. Im Erdgeschoß des Westturms liegt in einem Steinsarg das Skelett eines Römers, etwa fünf Fuß, sechs Inches lang, die Rippen fehlen.

Von der Brüstung des Oberstocks aus hatten wir eine schöne Aussicht über die Stadt und das Land. Die Porta Nigra ist etwa hundertfünfzehn Fuß lang, fast hundert Fuß hoch und etwa dreißig Fuß tief; sie ist wahrlich eine Reise wert.

Auf der anderen Seite der Mosel nahe Trier ist die Landschaft sehr hübsch. Man erzählte uns eine ganze Menge über das Tal von Sirzenich unter der Mariensäule, die ein hohes und bedeutendes Merkzeichen ist. Wir fuhren nach Igel, um das sehr beeindruckende, aufrechte Monument zu sehen, mehr als siebzig Fuß hoch, fast ganz bedeckt mit Inschriften und Halbreliefs zur Erinnerung an die Secundini-Familie. Das genaue Alter der Säule ist ungewiß, und einige der Ornamente deuten auf Hochzeitsfeste und auf den Beruf ihres Begründers. Sie soll im dritten Jahrhundert errichtet worden sein und liegt etwa sieben Meilen von Trier entfernt. Noch andere interessante Punkte findet man in und bei der alten Römerstadt. Die Wallfahrtskirche von St. Mathias ist einen Besuch wert.

Wir erfuhren, daß man zum Fischen in der Mosel eine Erlaubnis braucht; sie kostet für die Saison drei Mark.

Einige unserer Manderscheider Freunde hatten uns empfohlen, einen Weinhändler in der Jakobsstraße zu besuchen. Die großen Lagerräume waren noch vergrößert und verbessert worden. Wir probierten verschiedene Moselweine und bestellten eine Lieferung an unsere Anschrift in England. Als sie nach unserer Rückkehr ankam, zeigte sie sich hervorragend und dafür sehr preiswert, selbst die Frachtkosten eingerechnet. Es tat uns leid, Trier zu verlassen; im Hotel Venedig hatten wir sehr bequem gewohnt, und unser freundlicher Wirt und sein »Premierminister«, dessen Manieren so überwältigend waren wie die des »Erzbischof« in »Happy Thoughts«, verabschiedeten uns von ihrer Schwelle mit herzlichen guten Wünschen - fast hätte ich geschrieben Segnungen - für eine erfolgreiche Reise.

9. Kapitel

Alf - Burg Arras - Bad Bertrich - Cochem

N lovely, sunny weather about eight o'clock, one morning, we left Treves by rail for Bullay.

In herrlichem, sonnigem Wetter fuhren wir eines Morgens gegen acht Uhr mit der Eisenbahn nach Bullay. Die Fahrt das Moseltal entlang war schön und interessant. Die Weinberge wurden häufiger, und ab und an erhaschten wir einen Blick auf eine Burgruine. Besonders hübsch war der Blick, gerade bevor der Zug in den Tunnel bei Pünderich einfuhr. Die Eisenbahn überkreuzte die Mosel nach Bullay über eine mächtige, doppelte Brücke; der Zug fuhr oben, der Fahrweg lag darunter. An der Station Bullay nahmen wir einen Einspänner nach Bertrich.

Diesmal überquerten wir die Mosel auf dem Fahrweg der Brücke, denn Bullay liegt auf dem rechten Ufer der Mosel und Bad Bertrich in einem Tal auf dem linken. Die Aussicht von der Station war reizend. Vor uns sahen wir das Alftal, gekrönt von der Burg Arras auf ihrem steilen Hügel. Bald fuhren wir durch das malerische Alf; seine altertümlichen Häuser vor den Weinbergen und Bullay gegenüber spiegelten sich beide in der Morgensonne auf dem Fluß.

Alf liegt sehr schön, und wir hörten, daß das Posthotel billig war, bequem und angenehm für einen Aufenthalt; von Alf kann man auch viele Ausflüge machen. Die Stadt besteht hauptsächlich aus einer langen, gewundenen Straße, über der sich der Marienberg erhebt; der Blick von dort oben auf die Windungen des Flusses soll der allerschönste an der Mosel sein. Das Tal der Alf ist schön; an den Berghängen sind überall Weingärten. Bald bogen wir vom Alftal ins Üßtal, und hier sahen wir wieder die Ruinen der Burg Arras, die die Spitze eines hohen Hügels an der linken Seite krönten. Über diese Burg Arras gibt es eine interessante Sage.

Vor der Zeit des Erzbischofs Ruobert von Trier war auf dem Berg, wo jetzt die Burg Arras genannte Ruine liegt, keine Burg. Die Hügel und die ganze Region ringsum waren mit Wald bedeckt. Die friedfertigen Bauern führten Krieg allein gegen die Bären und Wölfe, die Füchse und andere wilde Tiere, die in strengen Wintern von den Ardennen hierher kommen. In dem stillen Tal dort unten lebte ein hart arbeitender, friedlicher, alter Mann, ein Köhler, genannt Arras. Er hatte zwölf Söhne, alle handfeste hochgewachsene Männer.

Im Jahr 938 überfielen die wilden Magyaren oder Ungarn Deutschland; sie raubten und plünderten alles, was ihnen in den Weg kam. Schändung und Mord bezeichneten ihren Weg. Den Rhein hatten sie schon erreicht, ehe der Pfalzgraf zur Verteidigung bereit war, und während er noch eine Armee sammelte, war die Nachricht von ihrem Näherrücken schon bis in die innersten Wildnisse der Eifel gedrungen. Bei diesen Berichten überwältigte die Furcht die Menschen, sie meinten sogar, sie müßten ihre Behausungen verlassen und vor den Eroberern die Flucht ergreifen.

Bald erreichte auch den Köhler Arras in seiner Hütte die Schreckensnachricht. Der alte Vater holte sogleich seine zwölf Söhne zusammen und sprach zu ihnen: »Was meint ihr, meine Söhne, sollen wir vor diesen Wilden fliehen? Oder sollen wir bleiben und unser Land gegen ihr Eindringen verteidigen?«

»Wir wollen kämpfen, Vater; so lange ein Funke Leben in uns ist, wollen wir kämpfen.«

Arras hatte diese Antwort erwartet, sie erwärmte sein Herz.

»Ihr habt recht, meine Söhne; wir wollen aus freiem Willen alles geben, was wir haben, bis zum letzten Blutstropfen, um diese heidnischen Räuber zurückzutreiben. Nun hört gut zu, macht euch bereit, und dann geht schnell von Hütte zu Hütte und laßt all eure Kameraden und alle Nachbarn um Mitternacht hier zusammen-

kommen. Es tut nicht not, mit der Suche nach Waffen Zeit zu verlieren, jeder soll bringen, was er hat; wir werden Wurfgeschosse in Hülle und Fülle auf unseren Hügeln und Felsen finden. Bedenkt, wir müssen die Alten und die Kinder, die Frauen und Mädchen ebenso wie unser Gut und unser Leben erretten. Dränge die Nachbarn zu kommen, wenn sie nicht Feiglinge genannt werden wollen. Wir müssen uns miteinander verbünden; die Anstrengungen Einzelner werden nutzlos sein.«

Die Söhne stimmten zu; sie verloren keine Zeit, den Anweisungen ihres Vaters zu gehorchen.

Vater Arras war bei den Bewohnern seiner Gegend hoch geachtet, und sein Aufruf rüttelte sie alle auf. Alle kamen zu dem vereinbarten Stelldichein, wenn auch einige unter ihnen den Kopf schüttelten und in den Bart murmelten, als sie sich bei der Häusergruppe versammelten, wo der Köhler, die Holzhauer, Jäger und Schäfer der Arras-Familie hausten.

Der alte Mann sah seine Nachbarn mit flammenden Augen an.

»Ihr glaubt, mein Plan sei verrückt? Eh?« sagte er; »Hört, Freunde, wir fechten für Treue und Recht, für unser Vaterland und für die, die wir lieben. Es ist wahr, wir sind nur eine Handvoll Leute gegen diese Teufel, die unsere Frauen begehren, unsere Herden und unser Leben. Was solls? Wir kennen alle verschwiegenen Pfade und versteckten Höhlen unserer Berge; jeder von uns hat schon einmal dem Tod ins Auge geschaut, ohne zu weichen. Wir sind nicht viele an der Zahl, unsere Stärke liegt in unserer Einigkeit. Und kommt es zum Schlimmsten, ist es nicht besser, als Held zu sterben, als zu fliehen wie Feiglinge vor diesen Heiden, die kommen, unsere Frauen zu schänden und unsere Kinder zu morden?«

Ein lauter Beifallsruf erscholl.

»Du hast recht, du hast recht, Vater Arras, »riefen sie alle begeistert; »wir wollen dir folgen zum Sieg oder zum Tod. Führe du uns an.«

Die Begeisterung des Köhlers hatte alle angesteckt, die Nachbarn sprachen nicht länger davon, vor dem näher kommenden Feind zu fliehen.

Arras hatte schon seine Pläne gemacht; an einen offenen Kampf mit dem Feind war nicht zu denken, aber die Magyaren konnten überrascht und in ihrem Marsch durch das Tal gehindert werden durch dauernde Angriffe der Bauern, die geschützt und sorgfältig versteckt waren zwischen den Felsen. Der Feind konnte vielleicht im Zaum gehalten werden, bis Hilfe das Tal erreichte.

Arras erklärte seine Pläne.

»Ihr kennt den Paß, der direkt in der Marschroute dieser Barbaren liegt? Dort sind die Felsen so hoch, und sie erheben sich zu beiden Seiten so steil, daß nicht einmal wir selbst sie vom Paß aus ersteigen könnten. Wir wollen diese Höhen von hinten her besetzen und versuchen, ob wir nicht die Ungarn am Durchqueren der Enge hindern können. Wenn wir sie zurückhalten können, bis uns Hilfe vom Rhein her erreicht, kann das Land vor ihren Raubzügen bewahrt bleiben.«

Alle riefen Beifall, dann sammelten sie Hilfsmittel und hasteten zu den bezeichneten Höhen. Arras hatte seine Mannen bald verteilt, sodaß jeder Winkel der Felsen und jeder Baum und Busch auf beiden Seiten einen Bauern verbarg.

Der allgemeine Ruf erklang: »Nun laßt die teuflischen Heiden kommen. Wir sind bereit.«

Sie brauchten nicht lange zu warten. Bald kam ein flinker Reiter in Sicht, dann andere der Eindringlinge. Sie kamen näher und näher und hatten offenbar keine Ahnung, daß ein Feind in der Nähe war.

Arras gab das Angriffszeichen, und ein Schauer von Steinen und Pfeilen fiel plötzlich auf die Reiter, einige wurden verwundet, andere getötet. Die Magyaren waren vollkommen entsetzt; in heilloser Verwirrung flohen sie zurück zu ihren Kameraden und ließen sogar ihre Toten und Verwundeten zurück, die am Boden lagen.

Aber obwohl der erste Überfall erfolgreich gewesen war, ließen die Barbaren nicht nach; sie erneuerten ihre Vorstöße immer und immer wieder, und in immer größerer Anzahl; sie schossen Pfeile und versuchten die Felsen zu erklimmen auf der Suche nach ihren verborgenen Gegnern, aber umsonst; sie wurden immer wütender, sie dürsteten nach dem Blut der unsichtbaren Angreifer, während sie den Durchgang durch den rauhen Engpaß zu erzwingen suchten. Das ging so über sechs Tage und sechs Nächte; Vater Arras und seine Männer konnten kaum eine kurze Raststunde halten; ihre Kraft begann nachzulassen, und es fehlte an Nahrung; und was das

Schlimmste war, obwohl Arras für sich und seine Söhne die gefährlichste Stellung ausgesucht und ununterbrochen seine Mannen ermutigt hatte, für alle gesorgt und für alle gedacht, so mußte er doch feststellen, daß seine Gefolgsleute nicht mehr das Vertrauen in ihn hatten wie zum Anfang.

Der Köhler sah voller Gram, daß ihr Widerstand nutzlos sein würde, wenn keine Hilfe kam; die Barbaren hatten viele Söldner verloren, aber die Schar der Kämpfer schien unendlich. In seiner Not fiel Arras auf die Knie und betete laut.

»Oh Herr Gott, es kann doch nicht sein, daß Du uns im Stich läßt.«

Am Morgen des siebten Tages ließen die Angriffe nach, eine Pause von ungewohnter Ruhe trat ein; durch sie klang die helle Stimme des ältesten Sohnes von Arras, der auf dem höchsten Felsen stand:

»Vater, sie kommen! Die Truppen des Pfalzgrafen sind in Sicht!«

Ein Freudenschrei klang von dem einen zum anderen, und die rauhen Bauern fielen auf die Knie und weinten vor Freude; sie dankten Gott, dem Herrn des Himmels und der Erde für ihre Rettung.

Auch die Magyaren hatten die herannahenden Kämpfer gesehen; sie wendeten, um sie anzugreifen, und bald wütete ein wilder Kampf im Paß. Vater Arras beobachtete alles ganz genau, und als er den Moment für gekommen hielt, schrie er seinen Gefolgsleuten zu:

»Laßt uns vollenden, was wir begonnen haben; wir wollen zum Kampf hinunter gehen und für den Pfalzgrafen kämpfen.«

Seine Männer schrien und folgten ihm mit frischem Mut. Sie griffen den Feind von der anderen Seite an und stifteten so unter den Magyaren große Verwirrung. Ehe die Sonne sank, war der Sieg vollkommen, und die Eindringlinge waren aus dem Tal vertrieben.

Dann sagte der Köhler seinen Söhnen, sie hätten ihre Schuldigkeit getan und könnten nun zu ihren Hütten zurückkehren, um sich auszuruhen und zu erfrischen, was sie so nötig hatten. Keiner von ihnen erwartete irgendeinen Dank vom Pfalzgrafen.

Am anderen Tag zur Mittagszeit saßen Arras und seine zwölf Söhne rund um eine große Tafel bei ihrem Mittagessen. Plötzlich blitzte ein helles Licht an der Tür auf. Es war der Glanz der Sonne auf den Rüstungen und dem kostbaren Zaumzeug der Pferde, die den Pfalzgrafen Hermann und den Erzbischof Ruobert trugen.

Mit gebeugten Häuptern und ehrfurchtsvollem Schweigen empfingen die dreizehn Helden die Gäste und beugten sich vor ihnen bis zur Erde.

Die beiden Edlen stiegen ab und dann sprach der Pfalzgraf: »Da keiner von Euch gewartet hat, um meinen Dank zu empfangen, sind wir gekommen, um ihn Euch zu entbieten; Du und Deine Söhne, Vater Arras, seid im Dunkeln entwichen, aber ich weiß, welch tapfere Taten Ihr geleistet habt, und ich weiß, daß Euer Land Euch für seine Freiheit von dem heidnischen Joch zu danken hat. Kniet nieder, meine treuen Männer.«

Ganz beschämt durch dieses Lob, das sie gar nicht ganz verstanden, knieten der Vater und seine zwölf Söhne vor dem edlen Grafen, und jeder empfing von ihm den Ritterschlag, die Belehnung mit der Ritterschaft, für ihre heldenhafte Tapferkeit.

Dann sprach der Erzbischof: »Der edle Herr Pfalzgraf hat Euch, meine Freunde, mit der Ritterwürde belohnt, als Dank für Eure treuen und redlichen Dienste; ich für mein Teil werde Euch eine starke Festung bauen. Sie soll eine dauernde Erinnerung an den heldenhaften Köhler und seine Söhne sein, denn sie soll genannt werden - Burg Arras.«

Er lachte herzhaft, als er geendet hatte, aber er hielt sein Wort. Als die stattliche Burg fertig war, belehnte er sie mit Land und Vasallen und übergab sie an Arras. Die Geschichte sagt, daß die Herren von Arras immer ihrer tapferen Vorfahren würdig gewesen sind.

Die Straße nach Bertrich ist ausgezeichnet; hauptsächlich führt sie an der Alf und Üß entlang, und sie ist an beiden Seiten mit Buchen bepflanzt. In dem gewundenen Tal der Üß hat sie viele Kurven, und jedesmal sieht man etwas Neues. Die Hügel umgaben uns immer dichter, je mehr wir uns Bertrich näherten, und als wir das abgeschlossene kleine Örtchen erreicht hatten, war die Atmosphäre so stickig geworden, daß man zu ersticken glaubte.

Es ist eben ein gewaltiger Unterschied zwischen der erheiternden Frische der Eifelhöhen und der Luft des Moseltals und seiner Umgebung.

Bertrich liegt sehr hübsch zwischen dicht gewaldeten Hügeln und ist von allen rauhen Winden total abgeschirmt; aber im heißen Sommer ist die Luft zu eingeschlossen für ein reines Vergnügen, obwohl das Dorf mehr als fünfhundert Fuß über Meereshöhe liegt.

Im Hotel Pitz bestellten wir Mittagessen; dies ist ein geräumiges, bequem wirkenden Haus innerhalb von großen Gärten voller Sträucher und Blumen und mit vielen Sitzplätzen in schattigen Winkeln.

Dann gingen wir das Üßtal entlang neben dem fröhlichtanzenden Strom. Bald sahen wir auf der linken Straßenseite die Elfenmühle. Noch ehe wir sie erreicht hatten, führte uns

Bad Bertrich: Der Käsekeller

ein krummer Pfad links über einen felsigen Weg zum Käsekeller, oder »Käsegrotte«, eine Gruppe von Lavablöcken, die durch die Kraft des Wassers in eine Form abgeschliffen ist, die einer Anzahl von Holländer Käsen ähnlich sieht. Säulen von diesen Käsesteinen tragen das Dach der Grotte, Bäume wachsen dicht darüber und drumherum; der Platz hat eine elfische, feenhafte Atmosphäre. Etwas darüber fällt der Strom in einem kleinen Wasserfall über die Felsen. Eine Brücke führt darüber hin zu zahlreichen Spazierwegen im Wald, und der Blick von dieser Brücke ist hübsch, wenn auch etwas theatralisch.

Nach Bertrich zurück gingen wir hauptsächlich durch Wald, aber auf der anderen Seite des Flusses. Die Strecke war angenehm, und wir sahen verschiedene Waldwege in mancherlei Richtungen abzweigen, aber offenbar war sie viel zu belebt, ihr fehlte der frische, idyllische Reiz von Manderscheid.

Nah am Hotel Pitz gelangten wir über eine kleine Holzbrücke wieder auf die Straße.

Als Bad hat Bertrich einen guten Ruf; die Kurquellen sind gut angeordnet und dem Hotel Pitz angeschlossen. Warme Quellen versorgen die Bäder, und das Wasser soll sehr gut sein für nervöse und rheumatische Leiden.

Es gibt mehrere gute Hotels in Bertrich, und wir erfuhren, daß, obwohl das Pitz das größte ist, einige andere ebenso bequem sind.

Die Spaziergänge und Fahrten in viele Richtungen sind anregend und schön; tiefer in den Wäldern finden sich zahlreiche wilde Blumen und Kräuter.

Die Falkenley ist eine der interessantesten vulkanischen Erhebungen der Eifel; über den Weg, den wir zur Elfenmühle genommen hatten, ist sie gut zu erreichen; die Spitze der Erhebung soll der beste Platz sein für einen umfassenden Blick auf die Vulkangipfel.

Man hatte uns angeraten, nach Bertrich zu schreiben und einen Wagen zum Bahnhof Bullay zu bestellen, aber ich glaube, daß unser Plan, einen Wagen vom Bahnhof zu nehmen, besser war. Die Distanz ist mehr als fünf Meilen, und die Fahrt dauert etwa eine Stunde.

Es war sehr nett, daß wir das Land der Trauben erreicht hatten. Wir kauften welche in Bertrich für ein paar Halfpence und fanden sie für die Rückfahrt nach Bullay sehr erfrischend.

Es heißt, daß unter den vielen zerklüfteten Felsen nahe Bertrich einer der Kartstein genannt wird; er kam auf folgende Weise zu diesem Namen:

Es war am heiligen Ostertag, wo jeder Christ, Mann oder Frau, zur Kirche gehen sollte. Gerade zur Stunde der Heiligen Messe trafen sich drei müßige Gesellen in einer hübschen sonnigen Wiese. Sie waren sich einig, daß sie die stille Zeit am besten ausnützen könnten, wenn sie Karten spielten. Keiner konnte sie sehen und von ihrer Gottlosigkeit berichten. Sie sahen sich nach einem verborgenen Platz um und fanden einen Fels mit einer Höhle in seiner Seite; bald hatten sie eine Tischplatte aufgestellt, und einige Steinblöcke dienten als Sitze.

Schon hatten sie sich zum Spielen niedergelassen, als plötzlich ein Fremder neben ihnen stand. Sie starrten ihn an, denn sie hatten ihn nicht kommen hören.

»Darf ich bitten, bei Eurem Spiel mithalten zu dürfen?« fragte er höflich. »Ich habe genug Gold und Silber einzusetzen.« Er schlug mit der Hand auf seine dicke Tasche.

»Ja, wenn Ihr Geld genug habt, setzt Euch nieder, mein Mann; wir wollen sehen, wie es klappt,« antwortete einer der drei Spieler.

»Ja ja, setzt Euch,« schrien die anderen. »Geld ist das Wichtigste; es ist nötiger als Geschick beim Spiel.«

Der Fremde setzte sich. Das Glück begünstigte ihn nicht, aber die Häufchen glänzenden Geldes vor den anderen Spielern wurden höher und höher, und der Fremde mußte immer wieder die Hand in die Tasche stecken, denn er verlor bei jedem Spiel. Einmal fiel eine Karte einem der drei Spieler aus der Hand, und er bückte sich, um sie aufzuheben.

Wie erstaunt war er, als er sah, daß die Füße des Fremden Hufe waren wie bei einem Pferd; ohne Zweifel, er war der Böse persönlich.

Der Kartenspieler fuhr auf und schrie seinen Gefährten zu: »Gott sei bei uns!« und er bekreuzte sich, und seine Kameraden taten das Gleiche. Der Fremde verschwand; aber ein starker Geruch nach Schwefel blieb hinter ihm zurück.

Von diesem Tag an rührten die drei Gesellen nie wieder eine Karte an; und bis zum Ende ihres Lebens hielten sie die heiligen Festtage ein, wie es jeder Christenmensch tun sollte.

Von Bullay aus reisten wir mit der Bahn nach Cochem, einem der Hauptpunkte der Mosel. Kurz ehe wir die Stadt erreichten, durchfuhren wir den Tunnel durch den Ellerer oder Cochemer Berg. Dieser Tunnel ist fast drei Meilen lang; man sagt, er sei länger als irgendein anderer in Europa, außer denen am Mont Cenis und am St. Gotthard. Wir brauchten sieben Minuten für die Durchfahrt.

Cochem ist an einem großen Bogen des schönen Stromes herrlich gelegen. Seine eindrucksvolle Burg krönt den Gipfel eines hohen, weinbewachsenen Hügels direkt über der Stadt und bietet ein bemerkenswertes Bild. Die Stadt selbst hat sonderbare alte Straßen, wohl wert, hindurch zu schlendern. Auf der Gegenseite des Stroms steigen die weinbekränzten Berge sehr hoch auf. Der einzige Weg über die Mosel ist die Fähre.

Das Union-Hotel ist das beste; es ist gut eingerichtet und bequem. Zu einem vernünftigen Preis hatten wir sehr schöne Räume mit Balkon, die die Mosel überschauten. Vor dem Hotel, anschließend an den Speisesaal, war eine geräumige Veranda, und in der großen Hitze im vorigen September war es entzückend, dort draußen zu Abend zu essen, am kühlen Abend, wenn man den großen Vollmond beobachten konnte, wie er langsam am dunklen Himmel aufging und sein Silberlicht über den gewundenen Strom warf, während die schwarzblauen Berge als großartige, feierliche Wächter auf uns herunterblickten.

Am ersten Abend klang plötzlich aus der Dunkelheit unten das Murmeln von Stimmen und das Geräusch von Rudern; der Silberpfad des Mondes auf dem Wasser zerbrach und zitterte, dann brach er in tausende tanzende, glimmernde Lichter, als das schwer beladene Fährboot über den Strom kam. Für einige Augenblicke herrschte Verwirrung im Silberpfad des Mondes, dann beruhigten sich die tanzenden Lichtflecke wieder und standen nahezu still. Wieder streckte sich das Silberlicht über die dunkle Mosel, fast ohne Unterbrechung.

Der Weg zur Burg ist steil, eine enge Straße zwischen Steinmauern. Hinter den Mauern liegen Gärten und Weinberge.

Auf halbem Weg kommt man zu einer Art von Ausbuchtung in den Mauern mit Sitzen. Eine Weinranke ist darüber gezogen; die großen, kühlen, grünen Blätter bilden ein natürliches Dach und bieten einen wunderbaren Schutz vor dem brennenden Sonnenschein.

Wie unsere Straße im Zickzack hinaufführte, begannen wir kurze Blicke auf die schöne Burg über uns zu erhaschen; sie sah sehr malerisch aus, mit ihren vorragenden, auf Kragsteinen ruhenden Türmchen, ihren eigenartigen Mansardenfenstern und Erkern. Den ganzen Weg lang konnten wir auch Blicke auf die gewundene Mosel und die Hügel ringsum werfen.

Die Burg von Cochem

Gerade unter den Burgtoren standen Apfel- und Pflaumenbäume, mit verlockenden Früchten beladen; als wir eintraten, sahen wir auf beiden Seiten wogende Garben von Goldrute, die im Sonnenschein leuchteten.

Von der Geschichte der Burg scheint bis zum elften Jahrhundert wenig bekannt zu sein; damals wurde der Pfalzgraf Heinrich exkommuniziert und verbannt. Ein anderer Eigentümer wurde in geheimnisvoller Weise getötet, als eine große Masse Steine von der Mauer fiel. Danach gab es immer weiter Kampf und Blutvergießen, obwohl der Platz während des dreißigjährigen Krieges verhältnismäßig friedlich blieb, bis aber 1688 die schöne, alte Burg barbarisch von den französischen Truppen Ludwigs XIV. zerstört wurde; nur der untere Teil des großen Turmes blieb verschont. Wahrscheinlich war er zu massiv, um leicht zertrümmert zu werden, da er in den Felsen eingebettet war. Nahezu zwei Jahrhunderte lang blieb die Burg eine Ruine, bis sie von Herrn Ravené aus Berlin aufgekauft wurde. Zwischen 1868 und 1878 ließ er sie im alten Stil nach alten Plänen und Zeichnungen wieder aufbauen.

Natürlich hat das Bauwerk einen etwas modernen Anstrich, aber der Aufbau ist mit großem Können, ausgezeichnetem Geschmack und ohne Rücksicht auf die Kosten durchgeführt worden. Alte Eichentäfelung und -möblierung, alte Vorhänge, Rüstungen und Glas sind zusammengetragen worden; tatsächlich ist die Burg ein Museum von schönen Dingen.

Nahe dem äußeren Eingang, der ein schönes Fallgatter hat, überblickt man die ganze Menge der Hügel, und wir sahen das Endertbachtal hinauf bis zum Turm der Winneburg, dem alten Stammsitz der Metternich.

Am Eingang ist ein Restaurant, wo man Eintrittskarten für das Schloß lösen kann; es kostet eine Mark für drei Personen.

Die junge Frau, die uns die Räume zeigte, wollte sehr gern Englisch lernen, und ihre Anstrengungen dabei waren sehr drollig.

An einer Seite des großen Turms befindet sich ein großes Mosaik von Salviati, einem venezianischen Künstler, das St. Christoph und das heilige Kind darstellt. Die Burghöfe und Gärten sind malerisch; man hat von dort verschiedene, schöne und wechselhafte Ausblicke. Besonders fesselnd ist der erwähnte Blick ins Endertbachtal mit dem Turm der Winneburg, der die Höhe hinter Cochem krönt. Die Mischung von Größe und zarter Lieblichkeit, wie sie die Moselszene von den verschiedenen Fenstern aus bietet, kann man mit Worten nicht erschöpfend beschreiben. So interessant die Burg ist, so waren wir doch versucht, an den Fenstern und den Terrassen zu bleiben und die Aussicht zu bewundern.

Zuerst gingen wir in die kleine Kapelle: sie ist reich ausgestattet und hat ein vergoldetes Metallpult vom 1663. Die großartige, moderne Stahl- und Bronce-Corona ist aus Metall gefertigt, das man im alten Schloß gefunden hat. Dann zeigte man uns einige Schlafzimmer, voller interessanter, alter Möbel, ein guter Teil davon war feine Intarsienarbeit. Die Vorhänge und Wandteppiche waren alt, und wir bemerkten, wie geschickt alte geschnitzte Eichenpaneele in die Türen und die moderne Wandverkleidung eingefügt waren.

Der Rittersaal ist eine prächtige Halle, etwa sechzig Fuß lang und dreißig breit, dazu dreißig Fuß hoch. Eine breite, mit Eiche getäfelte Galerie führt hinein; an ihren Wänden entlang stehen Rüstungen; zweihundert Schwerter, Hellebarden und andere alte Waffen schmücken die Wände. Auf dem Fußboden dieser Galerie lag ein Berg großer Filzpantoffeln. Unsere Führerin zeigte darauf und bat jeden von uns, ein Paar über unseren Schuhen anzuziehen, ehe wir das glänzend polierte Parkett des Rittersaals betraten. Dort waren eine Anzahl Felle vom Eisbär, Braunbär, Löwe und Tiger ausgebreitet.

Am hinteren Ende des Rittersaals ist ein kleiner Alkoven, ein gemütlicher Winkel mit einem herrlichen Blick aus dem Fenster. Auf der anderen Seite des Saals steht eine Büste des verstorbenen Herrn Ravené, der die Burg hatte aufbauen lassen. Der gegenwärtige Besitzer ist sein Sohn; man erzählte uns, er sei ein Kaufmann in Berlin. Die Wände des Saals sind teilweise in Fresco gemalt.

Ein Vorraum leitet zum großen Eßsaal; dies ist der prachtvollste Raum des Schlosses; an einem Ende steht ein prächtiges Eichenbuffet mit Regalen. Das Schnitzwerk ist modern, aber verschiedene feingeschnitzte, alte, Paneele sind eingefügt. Das Buffet ist beladen mit seltenem, altem Glas, mit Metallkannen und Bechern. Die Decke des Raums trägt schwere Balken und ist reich bemalt. An der Wand gegenüber den Fenstern gibt eine Innentreppe den Eindruck eines Rundbogens, und das macht den Raum noch malerischer. Zwei große

Gemälde hängen auf dieser Seite, eins ist eine Jagdszene, das andere stellt Bacchanalien dar. Auch hier sind alte Schnitzereien in die moderne Vertäfelung der Wände eingefügt.

Wir traten hinaus zur Haupttreppe, die an einer Seite mit schönen, blauen Wandteppichen aus München dekoriert war. Der wunderlich geschnittene Billardraum ist mit Eiche getäfelt und gut möbliert. Insgesamt ist die Cochemer Burg ein sehr interessantes Beispiel eines Hauses, das im Stil der Vorväter wiedererbaut und mit seltenen Sachen aus entsprechenden Zeiträumen möbliert ist.

Einer von uns setzte mit der Fähre über; er hatte einen wunderbaren Blick auf Cochem und die umgebenden weinbedeckten Hügel von gegenüber. Es gibt in diesem Teil des Flusses kein Schwimmbad, aber man kann vom Boot aus baden, entweder oberhalb oder unterhalb der Stadt. Das Boot kostet pro Stunde anderthalb Mark.

Fischen ist in Cochem teurer als in Trier. Man sagte uns, daß eine Saisonmiete zehn Mark beträgt.

Beim Mittagessen im Hotel Union saßen wir neben einigen freundlichen, deutschen Damen; sie fragten uns, ob wir Burg Eltz besichtigen wollten, und wir sagten, daß wir an den Grafen geschrieben und die Erlaubnis zur Besichtigung erhalten hatten; wir fügten hinzu, daß wir bis Moselkern den Zug nehmen und dann zu Fuß gehen wollten.

Alle mißbilligten das laut, »Sie können diese Entfernung nicht zu Fuß gehen; es sind mehr als vier Meilen, und eine schlechte Straße.«

Ich warf ein, daß wir in Moselkern einen Wagen nehmen könnten.

»Da ist keine Straße für einen Wagen. Ihre Herren mögen gehen, aber für Sie ist es einfach unmöglich, von Moselkern aus bis nach Burg Eltz zu wandern.«

»Was können wir denn tun? Wir müssen die Burg sehen.«

»Es wäre besser, wenn Sie mit dem Zug nach Hatzenport fahren würden. Dort finden Sie einen Wagen nach Münstermaifeld, und in Münstermaifeld finden Sie einen anderen Wagen nach Burg Eltz. Es ist die einzige Möglichkeit.«

Gehorsam folgten wir diesem Rat, aber sollten wir Burg Eltz noch einmal besuchen, würden wir nicht über Hatzenport fahren. Man hat uns seitdem erzählt, daß der Weg von Moselkern sehr interessant und gut zu bewältigen ist; man kann auch den Moseldampfer bis Müden nehmen, von wo aus der Weg zu der berühmten Burg kürzer ist als von Moselkern; oder am allerbesten wäre es, eine Nacht in Münstermaifeld zu schlafen, und von da die drei Meilen bis zur Burg zu gehen oder zu fahren.

Aber wir dankten den deutschen Damen; ahnungslos, welch eine ermüdende Reise vor uns lag, aßen wir wieder einmal *al fresco* und erfreuten uns wieder an dem wunderbaren Mondaufgang über der Mosel.

10. Kapitel

Burg Eltz

WE left Cochem by the twenty-eight minutes past nine train: it was another glorious morning but intensely hot.

Wir verließen Cochem mit dem Zug achtundzwanzig Minuten nach neun; der Morgen war wieder herrlich, aber sehr heiß. Die Eisenbahn verläuft neben der schönen, blauen Mosel. In Hatzenport erfuhren wir, daß der Postwagen sofort abfahren wollte, so nahmen wir drei Billets bis Münstermaifeld. Auf einmal kam der Schaffner in großer Eile, um zu sagen, daß drei Plätze schon vorbestellt waren, und daß wir nur zwei Plätze haben konnten, einen innen und einen außen. Daraufhin nahmen zwei von uns die Plätze ein, während der dritte mit einem der Postmänner ging, der versprach, irgendwie die Sache für uns zu regeln. Als wir das Dorf erreichten, sagte man uns, daß die innen Reisende besser sitzen bleiben sollte, wo sie war, und daß für die anderen, wenn sie etwas warten wollten, eine andere Fahrgelegenheit gefunden würde. So fuhr die Kutsche mit einer von uns los. Nach einer Weile tauchte ein schäbiger Omnibus auf mit zwei Pferden, aber die Reisenden, die einstiegen, stellten fest, daß bei ihm von Federung keine Rede sein konnte..

Der Weg wandte sich nach links und stieg dann mit vielem Rütteln eine sehr steile Straße empor, durch schönes, dicht bewaldetes Gelände. Wie wir langsam höher kamen, tat sich Reihe hinter Reihe von hohen Hügeln auf, mit dem bezaubernden Fluß im Untergrund. Die Fahrt diese Straße entlang, etwa für eine oder zwei Meilen , erschien uns so schön, wie wir es kaum jemals gesehen hatten; die Landschaft hatte einen fast italienischen Charakter. Die Pferde gingen langsam den steilen Hügel hinauf. Hitze, Staub und Holpern waren die einzigen Einschränkungen unseres vollkommenen Genusses der herrlichen Szenerie. Schließlich erreichten wir den Gipfel des Hügels, und hier war das Land weit weniger reizvoll. Die Straße, die von Apfel- und Birnenbäumen gesäumt war, führte durch Weizen- und Maisfelder.

Etwa um halb zwölf hielt unser Fahrer am Maifelder Hof in Münstermaifeld; hier fanden wir unsere dritte Reisegefährtin wieder, bzw. wie sie sagte, das, was von ihr übrig war. Sie war froh gewesen, auf einem Sofa im Speisesaal ausruhen zu können, nach dem schrecklichen Schütteln und Rumpeln der Postkutsche, deren Sitze sehr hoch waren; und da sie gezwungen war, die Fahrt auf dem Rücksitz zu verbringen, mußte sie sich die ganze Zeit am Fenstergriff festhalten, um auf ihrem Platz zu bleiben. Ein deutscher Junge ihr gegenüber hatte sich über ihre Schwierigkeiten amüsiert, aber nicht daran gedacht, ihr seinen Platz anzubieten. An einem heißen Tag würde der Gang das Tal hinauf von Hatzenport sehr ermüdend sein.

Der Maifelder Hof schien uns gut, wenn auch ein bißchen einfach; der Wirt und seine Familie waren gefällig, und unser Essen war recht gut. Dann nahmen wir einen Einspänner nach Burg Eltz, etwa drei Meilen entfernt gelegen.

Hier wurde die Landschaft reizvoller. Am Dorf Wierschem vorbei kamen wir bald in schöne Wälder, die uns an Manderscheid und seine Umgebung erinnerten. Nach wenigen Minuten sank der Weg sehr steil ab; schließlich wurde er ein so schroffer Abhang, daß der Kutscher uns aufforderte, auszusteigen und zur Burg zu Fuß zu gehen.

»Es sind höchstens zehn Minuten,« sagte er.

Seit wir in den Wald gekommen waren, war die Umgebung immer schöner geworden, aber bis jetzt hatten wir noch keine Spur von der Burg erblickt.

Während wir den Hügel hinuntergingen, mußten wir das immer schönere Landschaftsbild laut bewundern; plötzlich zeigte sich vor uns, als wir um eine Wegkehre kamen, eine Ruine zwischen den Bäumen; es war die Burg von Trutzeltz.

Sie wurde vom Erzbischof Balduin von Trier erbaut, um die Herren von Eltz in Schach zu halten, nachdem es ihm unmöglich gewesen war, die Burg vom Tal aus zu erstürmen. Jetzt ist Trutzeltz eine geschwärzte, bruchstückhafte Ruine.

Die Straße wurde noch steiler, und die geheimnisvolle Verborgenheit der Burg Eltz machte uns sehr gespannt, als wir schließlich durch die Bäume, die den gewundenen Weg dicht umstanden, das Tal vor uns schimmern sahen; dann hatten wir plötzlich durch das Netz der Zweige vor uns eine Vision! Eine Masse von spitzen Dächern und und Giebeln zeigte sich. Ein wenig weiter stand ein Wegweiser mit einem Pfeil, der auf einen Pfad zur Seite wies. Nach wenigen Schritten dort entlang öffneten sich die Bäume, und urplötzlich lag Burg Eltz vor uns.

Man kann diese Burg in Worten kaum beschreiben. Sie ist wie ein Märchen in Stein; das gesamte Bild scheint eher ein schöner Traum als die Wirklichkeit zu sein, und deshalb klingt jede Beschreibung entweder ungenügend oder übertrieben.

Ein bewaldeter, kegelförmiger Fels hebt sich steil aus dem Eltztal mitten in einem Kreis lieblicher Hügel; als Krönung dieses Felsens und ganz mit ihm verwachsen, wie es scheint, steht ein vollkommenes Labyrinth von spitzen Türmchen und Dächern, Erkern, Giebeln, seltsamen Schornsteinen und Dachfenstern, hier, dort und überall ausgebaut, so daß es, wenn man schaut und schaut, ebenso verwirrend wie bezaubernd ist. Der Sonnenschein spielte lebhaft mit Licht und Schatten auf dieser großen Baumasse, die von Spitzen und Schornsteinen starrte. Die Wälder ringsumher waren schon herrlich gefärbt mit den ersten Herbstfarben Rot und Gold.

Von unserem Standplatz aus konnten wir sehen, wie unser schmaler Weg sich hinunterschlängelte bis zu der Brücke über den Fluß. Dann führt der Pfad durch einen überdachten Torweg hinauf zum höher gelegenen Fuß der Burg. Wir folgten diesem Weg, im Gefühl, zu einem Zauberschloß unterwegs zu sein. Falls wir Einlaß finden sollten, würden wir vielleicht verhext werden, verwandelt in die rot und blau geflügelten Grashüpfer, die sehr zahlreich über unseren Weg flitzten, die hier und dort als Farbflecke auftauchten, als ob sie den brennenden Sonnenschein genießen würden. Es schien wahrhaftig ein verzauberter Platz zu sein.

Selbst als wir ganz nah an der Burg waren, schienen ihre Grundmauern mit dem Fels eins zu sein; Teile der Bauwerke sahen aus, als ob sie aus dem dunklen Stein gehauen wären. Einige Stufen gingen wir im Fels hinauf, und dann über eine wundervolle Reihe von steilen, gewundenen Wegen und Eingängen, bis wir endlich den inneren Hof oder Schloßhof erreichten, auf den die Haupttüre sich öffnet. Alles war still und verlassen; keine dunkelhäutigen Maiden oder wilde Löwen hatten uns den Weg verlegt, obwohl der Schloßhof, in dem wir nun standen, ganz im Herzen des Bauwerks zu liegen schien, das von allen Seiten düster herunterblickte.

Als wir läuteten, sahen wir über dem Torweg geschrieben: Burghaus Eltz - Rübenach. Wir warteten wie Bittsteller vor diesem Hause »Wundervoll«, und bald hörten wir, wie Riegel zurückgeschoben wurden. In der Stimmung, in der wir waren, hätte es uns nicht gewundert, wenn sich beim Öffnen der Tür der Türhüter als dreiköpfiger Drache gezeigt hätte. Wir hätten uns wahrscheinlich vor ihm verbeugt. Aber der Bann war teilweise gebrochen, als eine sanft blickende Frau erschien und sich die Erlaubnis des Grafen zur Schloßbesichtigung zeigen ließ. Sie nahm sie und führte uns zur nächsten Tür, die auf den Schloßhof führte; sie übergab uns ernsthaft der Schloßführerin des entzückenden Palastes, einer sehr stattlichen Dame, die sich als ebenso gutmütig zeigte, wie sie fett war. Sie ließ uns unsere Schirme auf einem Sitz vor der Tür ablegen, und dann führte sie uns treppauf, treppab, ins Zimmer der Herrin, durch eine sehr verwirrende Reihe von malerischen Räumen, voll von interessanten Gegenständen und mit seltenen Möbeln, die zwei- drei- oder mehr hundert Jahre alt waren.

Burghaus Platt-Eltz datiert vom zwölften Jahrhundert. Es ist der Teil des Schlosses, der am steilsten aus dem Eltz-Tal emporragt und den massiven Wachtturm hat. Hier befinden sich die Keller und viele sonderbare alte Räume, aber es wird nicht mehr gezeigt, da es jetzt von den Schloßbediensteten bewohnt wird. Burghaus Eltz-Rodendorf stammt aus dem Ende des fünfzehnten Jahrhunderts, und einige der Räume sind besonders primitiv ausgestattet - Steinplatten als Waschtische, mit rauhen Steinkrügen und -becken, einige allerdings aus Delfter Ware. Burghaus Eltz-Kempenich, die vierte und letzte Abteilung der Burg, ist in der letzten Hälfte des sechzehnten Jahrhunderts ausgebaut worden.

Die Räume, die man uns in diesen verschiedenen Bauten zeigte, sind nun durch nicht endende und sehr originelle Steinstiegen verbunden. Sie sind so zahlreich, daß es zuviel Raum einnehmen würde, mehr als einen kurzen Überblick über das Innere der Burg zu geben. Man muß öfter durch die Räume gehen, um alle Abzweigungen zu verstehen.

Wir gingen auf und ab, drehten und wendeten uns, von Raum zu Raum, durch dunkle enge Flure, jetzt zur Rechten, dann zur Linken. Einmal führte eine steile Treppe mit Nischen neben den Türen, groß genug, um zwei Personen zu verbergen, wie um Verrat und heimliche Lauscher zu beschwören, hinunter in ein schön geschnittenes Schlafzimmer.

Man zeigte uns Schlafraum und Ankleidezimmer des jungen Grafenpaares, das jedes Jahr zwei Wochen auf der Burg verbringt. Die Bettvorhänge waren sehr interessant, die Tür hatte riesige, schwere Silberklinken. Diese waren modern, wie unsere Führerin uns sagte; die meisten Möbel waren sehr alt. Auch das Toilettenzimmer der Gräfin erschien sonderbar altmodisch. Aber die Aussicht aus den Fenstern war reizvoll und immer wechselnd, sie gab stets neue Ausblicke auf die Windungen der schönen Eltz. Wir sahen die Kinderzimmer und die Gastzimmer; eins davon hatte ein geschnitztes Eichen-Himmelbett mit Seidenvorhängen. Von einem großen Raum aus kam man in eine Kapelle oder eine Betkammer, mit einem Altar und gemalten Glasfenstern. Das Bett in diesem Raum sah grausig aus; an einer Seite führten Stufen hinauf, damit der Schläfer den tiefen Kasten erklimmen konnte, der das Bettzeug enthielt. Es war irgendwie unheimlich dort, mit den alten, dunklen Vorhängen; man fühlte, daß etwas Geheimnisvolles dort geschehen sein könnte, und daß es verwünscht

Burg Eltz

schien. Ein anderer Raum hatte mehrere Betten, hell und freundlich; man sagte uns, daß dies das Krankenzimmer sei.

Dann besuchten wir den Fahnensaal mit seinem reich gewölbten Dach und dem schönen Erker, den Eßsaal mit mehreren Familienbildern, den Kurfürstensaal, die Rüstkammer, das Boudoir der Dame des Hauses, mit Familienporträts, vor allem aber den Rittersaal; dies ist eine großartige alte Halle, oval gebaut, mit einem runden Vorsprung an einer Seite, in dem die Wendeltreppe läuft. In dieser Halle stehen fünf Rüstungen, zwei davon sind perfekt, und eine davon ist ein herrliches Stück aus kannelliertem Stahl; neben diesen sind noch mehrere Rüstungen vorhanden; viele altertümliche Waffen dekorieren die Wände. Zwei sehr alte Fahnen hängen neben dem Kamin; sie wurden den Türken abgewonnen, als ein Ahnherr des Grafen von Eltz einen Kreuzzug mitmachte.

In einem anderen Raum sahen wir eine gut geordnete Sammlung von Musketen und Pistolen. Verschiedene der Pistolen hatten Silberbeschläge mit schönen Mustern; im Raum war ein fein geschnitzter Kamin aus dem Jahr 1600.

Die meisten Schlafzimmer sind ziemlich klein; viele haben nackten, rohen Eichenboden, nur hier und da mit einem kleinen Teppich.

Der vorherrschende Stil des Hauses ist eine strenge und in einigen Fällen fast harte Einfachheit, es gibt einen wundervollen Eindruck des späten Mittelalters.

Wir fühlten, daß wir gut mehrere Tage in Schloß Eltz hätten verbringen können, und als wir herauskamen, waren wir noch in einem Traum von Vergangenheit befangen. Es wäre wohl kaum möglich, ein so einzigartiges Wohnhaus zu finden; seine vereinzelte und unbezwingliche Lage in diesem versteckten Tal hatte es vor Angriffen im dreißigjährigen Krieg bewahrt, ebenso vor den französischen Raubzügen im siebzehnten und achtzehnten Jahrhundert. Hier und dort ist es erneuert worden, wo das nötig war, aber man hat es gelassen, wie es gebaut wurde, ohne einen Versuch, es zu modernisieren. Dem Besitzer ist sehr zu danken für seine Freundlichkeit, die Fremden die Besichtigung erlaubt.

Als wir uns wieder vor dem Schlosse fanden, begann unser Künstler zu zeichnen, während wir um das Gebäude herumgingen. Es ist viel breiter und massiver, wenn man es umgeht; auch wären wir sehr gern an der Eltz entlang nach Moselkern gewandert; wir hätten dann die Schloßansicht genossen, wie es sich über den silbernen Schlingen des Flusses erhebt. Diese Sicht müßte großartig sein, allerdings nicht so fesselnd, wie von der Seite, die wir zuerst gehabt hatten, denn auf der Platt-Eltz-Seite ist das Dach flach und die Silhouette ist nicht ganz so malerisch. Wir hörten, daß der beste Blick vom Schloßgarten links ist, aber wir erfuhren nicht, ob Besucher dort zugelassen waren.

Mit Bedauern kehrten wir dem wunderbaren Schloß den Rücken. Beim Gang über die schattenlose Straße zu unserem Wagen war die Hitze fast überwältigend. Die roten und blauen Grashüpfer waren lebhafter als zuvor, sie saßen so dicht auf den Steinen, daß wir fürchteten, auf sie zu treten, als wir dahergingen, aber sie waren so beweglich wie zahlreich, die einzigen Kreaturen, die die brennende Hitze liebten, denn sogar die zarten, kleinen Wildblumen sanken zusammen und welkten neben dem felsumsäumten Pfad.

Wir waren noch nicht lange durch den Wald gefahren, als unser Kutscher, der während unserer Abwesenheit fest geschlafen hatte, sagte, daß das Pferd so überhitzt und müde sei, daß er uns nicht den kürzeren Weg nach Hatzenport fahren könne, sondern daß er uns nach Münstermaifeld zurückfahren müsse, um ein frisches Pferd zu bekommen.

Bald erreichten wir den Maifelder Hof und waren nicht böse, in dem großen, kühlen Speisesaal eine Weile zu rasten. Die beiden Töchter des Hausen kamen und sprachen mit uns. Eine von ihnen sagte, daß sie Englisch lerne; aber beide versicherten, daß Münstermaifeld nicht in der Eifel liegen könne, es gehöre zum Rhein. Allerdings waren sie nicht mehr so sicher, als wir ihnen eine deutsche Landkarte zeigten.

Münstermaifeld ist eine alte Stadt und hat eine schöne Kirche aus dem zwölften Jahrhundert, die aber im dreizehnten und auch im vierzehnten Jahrhundert erweitert worden ist.

Wir hätten ganz gern eine Nacht in diesem Hotel übernachtet, um auch die Ruinen von Schloß Pyrmont zu besuchen, nicht weit entfernt, und auch die Schwanenkirche, die gegründet wurde zum Andenken an die wunderbare Befreiung des Ritters Georg von Pyrmont von den Sarazenen.

Die Sage von Georg Pyrmont

Die Sonne schien brennend auf die ausgebleichte Erde; sie war so verhärtet durch die trockene Hitze, daß der Pflug kaum eine Spur seines Arbeitens hinterließ. Der unglückliche Christenritter, der an den Pflug geschirrt war, rang keuchend nach Atem, während er vorwärts taumelte.

»Vorwärts, sage ich Dir. Sei verdammt, du Christenhund!«

Der grausame Sarazenentreiber schwang seine Peitsche und schlug wütend auf die nackten Schultern des unglücklichen Sklaven; immer wenn er sein Opfer zu größerer Eile antreiben wollte, schlug er wieder zu.

Seit er vor fünf Jahren gefangen genommen war, hatte Georg von Pyrmont in dieser elenden Knechtschaft leben müssen; er arbeitete von Sonnenaufgang bis Sonnenuntergang, dann durfte der unglückliche Kreuzritter ein paar Stunden von seinen Leiden ausruhen.

Das Tagewerk war beendet, und der Gefangene schleppte sich langsam zu seiner Hütte; sein Geist war gebrochen wie sein Körper. Aber er war allein, und in dieser gesegneten Einsamkeit wusch er seine Wunden mit klarem Wasser und sank dann erschöpft auf das schmutzige Stroh, das sein Bett bildete. Er lag da, leidend und halb betäubt, während die Erinnerung an sein vergangenes Leben, der Gedanke an den Kummer seiner Eltern und an seine verlorene Heimat sogar seine körperlichen Leiden übertraf. Wie konnte er hoffen, Pyrmont wiederzusehen? Es war sinnlos, an Flucht zu denken, er war zu eng bewacht und umkreist; und doch wußte er, daß er die Qualen, die er jeden Tag erlitt, nicht länger ertragen konnte. Er fühlte, daß seine Kraft erschöpft war und seine Tage gezählt. Der Tod, so sagte er sich, würde eine Erlösung sein; aber bei diesem

Gedanken erfaßte ihn tiefe Verzweiflung: er sollte niemals wieder Vater und Mutter sehen, er würde niemals die großen Hoffnungen erfüllen, die sie für ihn gehegt hatten, er sollte sein geliebtes Heim nie wieder sehen.

»Oh mein Gott,« betete er, »stehe mir in meiner großen Not bei, laß mich noch einmal mein Heim und meine geliebten Eltern sehen, und ich gelobe, zu Deinem Dienst nahe dem Schloß von Pyrmont eine Kirche zu erbauen.«

Monatelang hatte der Ritter keine Träne vergossen; jetzt brach er in herzzerbrechendes Schluchzen aus.

Dann atmete er tief auf und sank auf sein Strohlager zurück; eine übermächtige Betäubung hatte ihn ergriffen.

Als er schlief, hatte er einen seltsamen Traum. Ein helles Licht schien in seine Hütte zu fallen, bis jede Ecke erleuchtet war, dann öffnete sich das Dach, und von ihm sank ein wunderbar großer Schwan hernieder. Der Schwan legte sich auf ihn, dann fühlte er sich mit ihm aufgehoben und in die frische kühle Luft getragen. Georg war sehr erstaunt; er öffnete etwas die Augen und sah, daß er wirklich auf dem Rücken eines Schwanes lag, der mit großen, weit gebreiteten Schwingen durch die Luft segelte.

»Wo bin ich?« stammelte er; er hatte in die Tiefe unter sich geblickt und fühlte sich schwindelig und verwirrt.

»Schlafe, schlafe wieder ein; ich bringe dich nach Hause.«

Die Stimme des Schwans klang wie süße Musik für Georg von Pyrmont, und er mußte ihr gehorchen, denn wieder überkam ihn der Schlaf so stark, daß er im nächsten Augenblick ganz sein Bewußtsein verloren hatte.

Plötzlich wachte er auf, verwirrt und zitternd vor Schrecken.

»Wie lange noch bis zum Morgen?« murmelte er in seinen langen Bart.

Dann öffnete er die Augen und sah, daß er nicht in seiner Hütte lag; er lag mitten in einem Kornfeld. Als Bewußtsein und Erinnerung zurückkehrten, war er erstaunt, daß er sich so stark und wohl fühlte, da doch am Abend vorher jede Faser seines Körpers voller Schmerzen gewesen war.

»Träume ich noch?« fragte er sich.

Mit einem Ruck sprang er auf und sah sich um.

Dann schrie er vor Freude auf. Etwas entfernt vor ihm lag die Burg Pyrmont, seines Vaters Haus, das Heim, das alles enthielt, was ihm teuer war.

»Der Schwan! Der Schwan!« rief er; er kniete nieder und faltete seine Hände. Er dankte seinem himmlischen Vater für seine Befreiung.

Er erkannte, daß sein Traum Wirklichkeit gewesen war, er war wirklich sicher nach Hause getragen worden. Gott hatte sein Gebet erhört.

»Hier auf diesem Fleck soll die Kirche stehen,« sagte er, »die Kirche, die ich als Dankopfer zu bauen gelobt habe.«

Vergebens sah er sich nach seinem Befreier um; aber der Schwan war verschwunden.

Und ehe ein Monat vergangen war, legte der Ritter von Pyrmont den Grundstein einer Kirche. Es war genau an diesem Platz, seine grauhaarigen und dankbaren Eltern waren dabei; zum ewigen Andenken an seine wunderbare Befreiung von der Gefangenschaft heißt sie bis zum heutigen Tag »Schwanenkirche«.

Als man uns wieder zum Wagen rief, fanden wir, daß er sich in einen Zweispänner verwandelt hatte, und daß zwei frische Pferde angeschirrt waren. Diese frischen Pferde trugen uns in einer halben Stunde nach Hatzenport; sie galloppierten fast auf der steilen Straße, die wir morgens so langsam erklommen hatten; wir mußten eine Weile auf den Zug warten, der uns nach Koblenz brachte.

Während wir in dem kahlen Warteraum saßen, kam eine neugierige Henne herein, nickend und trippelnd, um uns zu inspizieren. Sie war ein bemerkenswerter Vogel, ihr Kokettieren, ihr langsames Annähern, ihr schnelles Zurückweichen, ihr Stolzieren, ihr besinnliches Verhalten, dann ihr entsetztes Aufzucken bei jeder plötzlichen Bewegung, die wir machten, ihr furchtsames Haschen nach jedem Brotkrümel, den wir ihr zuwarfen, waren absolut zum Lachen. Schließlich lockte einer von uns sie, einen Bissen von seinem Finger zu nehmen, aber dieses Wagnis war zuviel für Frau Hennes Nerven, sie purzelte fast über sich selbst, so eilig huschte sie zurück mit dem begehrten Bissen.

Eine deutsche Dame und ihr kleines Mädchen beobachteten uns und die Henne mit einer Mischung von Mitleid und Überraschung. Offenbar fanden sie unser Amüsement idiotisch.

11. Kapitel

Andernach - Maria Laach - Der Laacher See - Das Brohltal

THE railway journey from Hatzenport to Coblenz by the banks of the blue Moselle was full of varied beauty and interest.

Die Eisenbahnfahrt von Hatzenport nach Koblenz an den Ufern der Mosel entlang zeigte immer wechselnde, schöne und interessante Bilder. Überall waren Weinberge, und sie sahen im allgemeinen gesund aus. Einer unserer Freunde aus Manderscheid hatte uns das Hotel Wildes Schwein in Koblenz empfohlen. Es liegt mitten in der Stadt an dem »Am Platz« genannten Markt. Vielleicht ist es etwas einfacher als die anspruchsvolleren Hotels am Rhein, aber es ist sehr gut. Das Essen und der Wein sind erstklassig, Frühstücks- und Speisezimmer geräumig, gepflegt und hübsch ausgestattet, es wird ruhig und großzügig geführt, und die Preise sind äußerst bescheiden.

Vor dem Abendbrot gingen wir zum Rhein hinunter; der großartige Strom und Ehrenbreitstein boten im rot-goldenen Abendlicht ein fesselndes Bild.

Seit 1881 waren wir nicht in Koblenz gewesen, und hatten damals die schöne Avenue oder Promenade genannt die Rheinanlagen, nicht gesehen, die den herrlichen Strom begleitet. Sie erstreckt sich über etwa anderthalb Meilen, und in heißem Wetter ist der Schatten dort köstlich. Neben ihr sind gut gehaltene Gärten, Springbrunnen und Gedenksteine in Form von Büsten oder Tafeln von ausgezeichneten Männern. Die Kaiserin Augusta, die Großmutter des jetzigen Kaisers, schuf

Koblenz: Die Moselbrücke

diese Anlagen zum Wohl der Stadt Koblenz, wo sie oft weilte.

Die Castorkirche, nahe dem Zusammenfluß von Rhein und Mosel, ist ein schönes, romanisches Bauwerk und enthält verschiedene, interessante Denkmäler. Es gibt noch andere bedeutende Kirchen, besonders die Liebfrauenkirche. Diese wurde später erbaut als die Castorkirche und ist stark restauriert worden; der Chor stammt aus dem fünfzehnten Jahrhundert. Am Westende stehen an der Südwand drei sehr eindrucksvolle Steinbilder, Ritterfiguren, im sechzehnten Jahrhundert geschaffen.

Nahe der Liebfrauenkirche kamen wir auf einen großen Obst- und Gemüsemarkt. Beides war gut und in Hülle und Fülle vorhanden. In Koblenz sind viele hübsche Bauten, und die Läden sind ausgezeichnet und sehen verlockend aus; insgesamt ist Koblenz ein angenehmer Aufenthalt bei gutem Wetter. Unser früherer Besuch hatte uns einen trübseligen Eindruck hinterlassen, da es ununterbrochen geregnet hatte, aber nun, bei dem strahlenden Anblick der Stadt, wünschten wir, wir könnten länger bleiben und einige der schönen Ausflüge ins Tal des Rheins, der Mosel und der Lahn machen, die man von dieser Stadt aus unternehmen kann. Ein großer Anziehungspunkt von Koblenz sind die ausgezeichneten Badeanstalten im Rhein und auch in der Mosel.

Ehrenbreitstein

Das Zusammentreffen von Rhein und Mosel sieht man am besten von den Höhen von Ehrenbreitstein und Arterstein; auf Antrag kann man die Festung auch besichtigen. Es ist aber ein recht beträchtlicher Weg zum Fuße dieser Höhen von der Koblenzer Seite der Schiffbrücke. Diese Brücke wird dauernd für das Passieren von Booten und Lastkähnen geöffnet, daß wir eines Tages, als wir etwas weiter weg gegangen waren, eine ganze, lange Weile zu warten hatten, bis wir zur Stadt zurückkommen konnten, weil die Brücke ununterbrochen auf- und zugemacht werden mußte.

Mit dem Zug ging es nun von Koblenz nach Andernach am Rhein. Von hier aus führt die Eisenbahn direkt ins Herz der Eifel, vorbei an Niedermendig mit seinen wundervollen Basaltsteinbrücken, und an Mayen und Daun bis Gerolstein. Den Zug kann man auch direkt von Koblenz nach Wittlich benutzen, von wo eine Eilpost oder ein Wagen nur ein paar Stunden nach Manderscheid braucht.

Es gibt keinen Bahnomnibus und auch keine Wagen in Andernach an der Station, deshalb ist es ratsam, im voraus einen beim Hotel Hackenbruch zu bestellen; die Entfernung ist zwar kurz, aber der Weg ist schattenlos und mühselig bei heißem Wetter. Andernach ist ein sehr interessanter, alter Platz, das Antonacum der Römer, und obwohl keine Reste römischer Bauten zu finden sind, sind andere aus jüngerer Zeit recht sehenswert.

Das Hotel Hackenbruch ist ein schönes, neues Haus, nahe am Rhein, gut gehalten und sauber. Wir hatten geräumige, bequeme Zimmer auf dem ersten Stock, mit Aussicht auf den Fluß und seinen geschäftigen Dampferverkehr. Auch eine große Veranda im Erdgeschoß blickte auf den Rhein. Kurz nach

Andernach: Der Rheinturm

unserer Ankunft, als wir auf den Fluß hinaus blickten, erhob sich ein eigenartiger Sturmwind und blies so schwere Staubwolken über den Rhein, daß wir nicht mehr über ihn hinwegsehen konnten und alle Fenster geschlossen werden mußten.

Sobald der Sturm abgeflaut war, gingen wir hinaus. Am Rhein entlang kamen wir zu dem bemerkenswerten Torbogen, das »Rheintor« genannt, früher mit dem Namen »die Kornport«. Durch diese hindurch gingen wir eine malerische, alte Straße hinauf zum Rathaus. Hier findet man einige römische Altertümer, die in oder bei Andernach gefunden wurden, und das Judenbad, dessen Ursprung ungewiß zu sein scheint.

Durch einige andere alte, enge Straßen kamen wir zur Pfarrkirche, sie ist ein sehr schönes Beispiel der Spätromanik; sie hat vier Türme und zwei Portale mit reich gemeißelten Kapitellen. Das Innere dieser Kirche ist einmalig eindrucksvoll; an der Nordseite, nach Westen zu, steht ein Monument eines Leichnams im Grabe, mit Wächtern zu Häupten und Füßen; nahebei steht ein interessanter, alter Taufstein, ebenso am Westende ein bedeutender Grabstein, das Bas-Relief eines Ritters. Die geschnitzte Holzkanzel wurde hierher

Die Pfarrkirche von Andernach

gebracht, als die Abtei von Laach säkularisiert wurde, zu Beginn dieses Jahrhunderts. Das Kruzifix, das nahebei hängt, ist ein Werk des vierzehnten Jahrhunderts. Einige Reiseführer behaupten irrtümlich, diese Kirche sei Sankt Genoveva geweiht, jedoch die Genovevakirche war ein viel älterer Bau, und von ihm ist keine Spur mehr zu finden, so sagen die Leute von Andernach.

Nicht weit von der Pfarrkirche steht der gewaltige, alte Rheinturm, der Wachtturm von Andernach. An seiner Westseite zeigt sich die Bresche, die die Franzosen machten, als sie 1688 eine Mine unter dem Turm zündeten, dann aber fanden, daß seine Mauern zu massiv waren, als daß sie hätten zerstört werden können. Die Straße hinter diesem sehr malerischen Rheinturm führte uns durch eine Lindenallee zurück zum Strom. Bald kamen wir zu dem reich gemeißelten, alten Kran von 1554 am Flußufer. Obwohl dieser Kran an Jahren schier ein Patriarch ist, hat er doch wenig Ruhe. Es war Abend und der Tag war längst vorbei, aber der Kran war eifrig bei der Arbeit, als wir ihn erreichten; er bewegte große Lasten mit einer Energie vielleicht ebenso groß wie in seinen früheren Tagen. Um ihn herum lagen Haufen von Mühlsteinen, fertig zum Aufheben und Verstauen in den Schleppern, die sie wohl nach Holland und andere Länder schaffen sollten, denn diese Mühlsteine aus den Brüchen von Niedermendig scheinen weltberühmt zu sein - schon die Römer kannten die Steinbrüche.

Vom Kran aus konnten wir den Rhein hinauf und hinunter blicken, und als sich der Himmel verdunkelte, erhob sich der Mond in großer Schönheit über dem herrlichen Rhein und der malerischen alten Stadt.

In früheren Zeiten war Andernach vollkommen von einer Mauer umgeben, und ein großer Teil dieser Mauer ist noch vorhanden. Auf der Koblenzer Seite der Stadt ist noch ein anderes interessantes Tor, das Koblenzer Tor. Nahe dabei findet man die Reste des Palastes, den einst der Erzbischof und Kurfürst von Köln besessen hat.

Neben dem Interesse, das seine alten Bauten erwecken, und der Schönheit seiner Lage am Rhein, bietet Andernach auch

Andernach: Der alte Kran

einen bequemen und ruhigen Aufenthalt und ist ein Mittelpunkt für viele sehenswerte Punkte in der Nähe.

Eines Morgens fuhren wir im Zweispänner zum Laacher See, dem größten der Eifelseen. Frühmorgens herrschte Nebel und Regen, aber als wir Andernach verließen, zeigte der Himmel ein wolkenloses Blau, und die Sonne schien intensiv.

Nickenich sah malerisch aus, als wir hindurch fuhren, und nach einiger Zeit wurde die Landschaft schöner; wir konnten wieder die gutbekannten Eifelbilder erkennen; hohe Waldhügel auf jeder Seite und näher an der Straße große Lavafelsen. Nicht lange danach fuhren wir durch den köstlichen Schatten der Wälder.

Plötzlich hielt unser Kutscher und wies uns an, in den Wald zur Linken zu gehen. Bald sahen wir durch die Bäume einen entfernten, strahlenden Glanz; ein bißchen weiter kamen wir zu einer Lichtung in den dichtwachsenden Büschen und sahen einen deutlichen, blauen Schimmer. Wir wußten, dies mußte eine Ecke des Laacher Sees sein, der weit unter uns lag; teilweise war er im Nebel verborgen und in seinem Rücken erhoben sich schöngeformte und hohe Hügel.

Bisher waren wir seit Andernach immer angestiegen; von hier an senkte sich die Straße. Nach kurzer Zeit konnten wir durch die Zweige das nähere Ende des Sees erblicken; und als eine größere Lichtung kam, lag vor uns die weite, blaue Oberfläche des Wassers.

Auf dieser Seite ist der See vollkommen von Buchen- und Eichenwald umgeben; als wir ihn sahen, war er hier und da gefleckt mit Herbstfarben, Ankündigungen der herrlichen Färbung, die bald hier vorherrschen würde. Der See ist oval geschnitten, und wir fuhren fast halb um ihn herum, bevor wir die großartige, alte, romanische Kirche von Maria Laach mit ihren fünf Türmen zu Gesicht bekamen. Sie bildet ein schönes Bild, mit dem See ihr zu Füßen und dem vollen Hintergrund bewaldeter Höhen.

Der Laacher See

Eine bewegende, kleine Geschichte erzählt von der Entstehung der Abtei:

Nicht weit von den waldigen Hügeln, die den Laacher See umgeben, und nah genug, um einen Blick auf den See zu haben, stand in alten Zeiten ein gastfreundliches Schloß, in dem ein frommes und gottesfürchtiges Paar, Herr und Herrin, wohnten.

Sie waren nicht mit Kindern gesegnet, obwohl sie sich das sehr gewünscht hatten, aber in diesem Schicksal wie in allem anderen ergaben sie sich dem Willen ihres himmlischen Vaters. Sie beschlossen daher, daß sie ihren Reichtum nicht für sich selbst und ihre Vasallen ausgeben wollten, sondern daß sie an diesem Platz ein würdiges Gedenkzeichen zu Gottes Ehre und Preis hinterlassen wollten; zu diesem Zweck beschlossen sie, ein Kloster zu erbauen, wo neben anderen Guttaten, die Kinder gelehrt und die Alten und Kranken des Landes versorgt werden sollten. Die Hauptschwierigkeit in diesem hügeligen Gelände war es, für solch eine Anlage den passenden Platz zu finden. Das fromme Paar suchte nah und fern, aber sie konnten keinen Platz entdecken, wo sie anfangen konnten zu bauen.

Die Zeit verging, und es schien, als ob sie ihr Vorhaben aufgeben müßten. Da bedeckte sich eines Abends der Himmel dicht mit Wolken, das Zwielicht verdunkelte sich mit einzigartiger Schnelligkeit in tiefste Nacht. Der Graf und seine Frau betrachteten die merkwürdige Finsternis vom Fenster ihres Gemachs aus, als plötzlich ein klares, ruhiges Licht auf dem See sichtbar wurde; als sie ganz genau hinsahen, sahen sie, daß es nach oben aufstieg und strahlend auf einen Teil des Seeufers fiel. Dankbar nahmen sie dieses Zeichen als einen Hinweis des Himmels.

»Dies«, riefen sie aus, »muß der Platz sein, wo wir unsere Gabe errichten sollen.«

Sogleich wurde das Werk begonnen, und vor ihrem Tode sahen die guten Spender, Graf und Gräfin, den Bau vollendet. Jeder Betrachter bewunderte ihn, und er wurde die Heimstatt einer frommen Gemeinschaft von Benediktinern. Das war das Mönchskloster von Maria Laach.

Zum Frühstück hielten wir am Hotel Maria Laach, ganz nahe an der Abteikirche. Das Hotel und die Veranda waren voller Besucher, da es ein Feiertag war. Das Frühstück war ein bißchen einfach, aber wenn man sah, wie viele Gäste da waren, schien es schon wundervoll, wie sie alle gespeist werden konnten. Vom Tisch aus erblickten wir den schönen blauen See, eingerahmt in seinen abwechslungsreichen Kranz von Vulkanhügeln und Wäldern. Der Laacher See ist recht groß, ungefähr fünf Meilen im Umfang.

Nach dem Frühstück schlenderten wir zu der schönen, grauen Abteikirche hinunter; an ihrer Westseite entlang läuft eine Art Kreuzgang oder Eingangshalle. Diese ist original im zwölften Jahrhundert erbaut; sie ist restauriert, aber die gemeißelten Kapitelle ihrer Säulen sind sehr schön und abwechslungsreich. Die Kirche wurde von Pfalzgraf Heinrich dem Zweiten 1093 erbaut; das Kloster wurde von Benediktineräbten regiert bis 1802, als es säkularisiert wurde. Dann hielten von 1863 bis 1873 die Jesuiten hier eine Schule, und als sie aus Deuschland ausgewiesen wurden, nahmen wieder die Benediktiner den Platz in Besitz, und die Kirche wurde wieder zum Gottesdienst benutzt. Das Äußere der Abteikirche ist viel schöner als das Innere, das durch einen weißen Anstrich verdorben ist. Die gesamte Einrichtung ist entfernt worden, außer dem bedeutenden Grabmal des Gründers gerade innerhalb des westlichen Eingangs. Auf ihm liegt die gemeißelte Figur des Pfalzgrafen Heinrich des Zweiten, überragt von einem Baldachin.

Als wir aus der Kirche herauskamen, gingen wir eine Allee von Apfelbäumen voller Früchte hinunter zum schönen See, blau wie der Himmel über ihm, außer wo das Riedgras mit seinen üppigen, braunen Blüten sich herrlich im Wasser spiegelte.

An den drei ferneren Seiten scheinen die bewaldeten Hügel fast aus dem Wasser zu steigen; auf dieser Seite, der Abtei am nächsten, sind die Hügel weiter entfernt und ausgesprochener und deutlicher in der Form: die Eifelkratergipfel des Veitskopf, Krufter Ofen und andere; sehr viele Lavaströme liegen nahe dabei. Ein starker Wind rauhte die Wasserfläche auf, und kleine Wellen schlugen lebhaft gegen die Ufer.

Es heißt, daß es gefährlich ist, sich ohne einen der Bootsleute aufs Wasser zu wagen, da sich plötzlich Stürme erheben können. Es gibt ein Bootshaus, und wir sahen mehrere Boote voller Leute auf dem Wasser; viele andere warteten, bis sie an der Reihe waren. Das Bild war reizend: Himmel und Wasser, beide strahlend blau, nur nahe dem Ufer mit einem grünen Hauch über dem Wasser.

Die Fläche des Laacher Sees ist etwa vierzehnhundert Acres, so daß im Vergleich die anderen Eifelseen klein sind; einige von ihnen können aber eine schönere Lage aufweisen. Am entfernteren Ende des Sees ist eine Höhlung, aus der dauernd kohlensaures Gas ausgestoßen wird. Man sagt, daß man manchmal hier erstickte Vögel oder Mäuse findet, die von den erstickenden Dämpfen getötet worden sind.

Zu der Zeit, als das Recht des Stärkeren das Gesetz der Eifel war, lebte nahe dem Laacher See ein Raubritter. Nah und fern wurde er gefürchtet; er überfiel die Kaufleute, die ruhig die Landstraße mit ihren Waren entlang fuhren, und raubte ihnen alles, was sie besaßen.

Nonnen waren nicht sicher vor ihm, selbst in ihren Klöstern, und wenn ein unschuldiges Mädchen in seine Gewalt kam, war es verloren. Er war so durch und durch erbarmungslos, daß er durch das ganze Land Furcht verbreitete. Die Übeltaten dieses Raubritters kamen schließlich dem Heiligen Vater zu Ohren, und dieser exkommunizierte ihn sofort. Die Leute hofften, dies würde ihn zur Einkehr bringen, und er würde sich bessern, aber es entlockte ihm nur ein verächtliches Lachen und seine Untaten wurden um so schlimmer.

Endlich hieß es, der Raubritter sei krank, und daß er nach den Tröstungen der Kirche verlange; eines Tages kam ein Bote von ihm zum Kloster Laach und begehrte Einlaß. Er bat, den Herrn Abt sehen zu dürfen.

»Herr Abt,« sagte er, »mein Herr liegt schwer krank; er bittet, daß Ihr und Eure Mönche ihn besucht und ihm den Segen der heiligen Sakramente bringt.«

Für einen Augenblick war der Abt sprachlos vor Überraschung, dann antwortete er freudig: »Der Himmel sei gelobt! Wir werden gehen, alle gehen wir; die ganze Gemeinschaft soll dieses Dankfest mitfeiern.«

Der heilige Mann erlaubte sich keinen Zweifel, er fühlte, daß er bei seinem Vorhaben kein Hindernis gelten lassen sollte. »Es ist mehr Freude im Himmel über einen reuigen Sünder als über neunundneunzig Gerechte, die keine Buße brauchen«, sagte er.

Voller Dankbarkeit machte er seine erstaunten Mönche mit der frohen Nachricht bekannt und gebot ihnen, ihn zur Burg des Ritters zu begleiten. Bald waren die Schlitten bereit, denn es war Winter, der See war ganz zugefroren, und man konnte ihn ohne Gefahrt überqueren.

Die Schlitten glitten schnell über das glatte Eis, und dann machten sich die Mönche auf den Weg zur Burg des Raubritters. Plötzlich aber kam ihnen im vollem Galopp einer der Gefolgsmänner des Ritters entgegen. Als er nahe war, schrie er heftig:

»Zurück, zurück, wenn Euch das Leben lieb ist; zurück zur Abtei. Der Ritter hat eine Falle für euch aufgestellt, er will euch alle töten. Nehmt mich mit euch; ich bin ein toter Mann, wenn er entdeckt, daß ich euch gewarnt habe.«

Voller Schrecken hörten die Mönche diese Worte, aber sie glaubten ihnen. Es war gut, daß sie ohne Zögern umdrehten, denn im nächsten Moment konnten sie in der Entfernung den Raubritter sehen, wie er zu Pferd auf sie zuraste, gefolgt von einer großen Schar Söldner. Er hatte entdeckt, daß sein Plan verraten worden war, und war entschlossen, sich blutig zu rächen.

Die Mönche schwangen sich schnell wieder auf ihre Schlitten, und bald glitten sie wieder über das Eis zurück; aber das kraftvolle Roß des Raubritters wurde immer schneller. Es machte verzweifelte Sprünge auf dem Eis, und sein Reiter kam den Mönchen schnell näher. Er schwang sein großes Schwert hoch in die Luft und richtete einen Schlag gegen den Abt, denn er wollte ihm das Haupt von den Schultern schlagen. In diesem Augenblick erschütterte ein Krachen, laut wie ein Donnerschlag, die Luft, das Eis brach unter den Pferdehufen, und Pferd und Reiter versanken, während der Schlitten des Abtes in Sicherheit das Ufer erreichte.

So wurde das Land von einem grausamen Unterdrücker befreit; die Kraft der göttlichen Vergeltung hatte sich gezeigt.

Am späten Nachmittag fuhren wir durch das Brohltal nach Andernach zurück.

Zunächst folgten wir der Straße, die wir schon am Morgen benutzt hatten; dann wandten wir uns links und fuhren an Wassenach vorbei. Bald erreichten wir den ganz außergewöhnlichen Tuff-Distrikt, der sich über die ganze Gegend bis zum Rhein hin ausbreitet. Unser Kutscher wurde ganz aufgeregt bei seinen Anstrengungen, uns zu erklären, daß die holländischen Deiche zum Teil aus diesem gelblichen Stein errichtet waren, und daß die nötigen Mühlsteine aus Niedermendig kamen. Als er uns diese Kenntnis vermittelt hatte, fuhr er in vollem Lauf die steile Straße hinunter. Auf beiden Seiten und so weit wir sehen konnten, waren Massen von Tuff. Es scheint, daß dieses Gestein unter Wasser erhärtet; es wird gemahlen und mit Wasser gemischt, und in dieser Form nennt man es Trass, und es wird in großen Mengen nach Holland exportiert zum Bau der Deiche. An manchen Stellen erhob sich der Tuff in Felsen neben der Straße vor einem Hintergrund von Bäumen, und als wir rechts den hohen Damm hinaufblickten, sahen wir ihn in verschiedenen Formen; das bildete einen malerischen Kontrast gegen die grüne und goldene Belaubung. Rechts stand eine einzigartige Ruine, das alte Kloster von St. Antonius. Als wir weiterfuhren, wurde die Szenerie auffällig und fesselnd; wir fuhren am malerischen Bad Tönisstein vorbei, so genannt nach den alten Ruinen. Dieses Bad hat eine Mineralwasser-Herstellung von bedeutendem Ruf. Jetzt erreichten wir das schöne Brohltal, das zum Rhein führt. An der linken Seite lag die Burg Schweppenstein, und überall sahen wir Tuff. Er scheint in jeder Richtung abgebaut zu werden und zeigt sich häufig in Höhlen und Grotten neben der Straße.

Bei einer plötzlichen Straßenbiegung erschien das schöne Dorf Brohl mit seinem reizenden Kirchturm und dem Rheinbogen. Den Rhein erreichten wir bald und fuhren an ihm entlang nach Andernach.

Unser Hotel fanden wir überfüllt mit den Mitgliedern eines Musikvereins, die den großen Speisesaal ganz füllten. Sie waren ungemein laut, ihr Sprechen und Lachen dröhnte durch das ganze Haus, und sie sangen bis tief in die Nacht ununterbrochen Volkslieder.

In Andernach gibt es im Rhein ein großartiges Schwimmbad, es ist gepflastert, aber der Rhein fließt hindurch.

Ich nahm am nächsten Morgen den Zug nach Plaidt, etwa vier Meilen entfernt, da ich die Rauschermühle besichtigen wollte. Ein Gang von zwanzig Minuten brachte mich von der Station Plaidt zur Rauschermühle, und wieder einmal sah ich die bewaldeten Eifelhöhen. An der hübschen Kirche vorbei nahm ich einen Pfad durch Kornfelder zur Rauschermühle. Bald hörte ich das Murmeln von rauschendem Wasser, aber ich konnte es nicht sehen, denn Bäume verbargen die Nette vor meinen Blicken. Der Pfad wandte sich zu diesen Bäumen, und ich kam zu einer kleinen Brücke, die über den steinigen Fluß zum Gasthaus führte. Ein Deutscher, offenbar etwas angetrunken, kam herbei und erbot sich, mir die Schönheiten des Platzes zu zeigen. Ich legte keinen Wert auf seine Hilfe, aber es schien freundlicher, mit ihm zu gehen. Ich begriff, daß er mir sagen wollte, daß er zwei Tage in der Rauschermühle verbracht habe.

Hinter dem Gasthaus erweitert sich der Fluß in einen großen Teich, der von Felsbrocken umgeben und bedeckt ist. Unterhalb des Teichs fällt die Nette über große Felsen in einer Folge von kleinen Wasserfällen. Es erinnerte mich in seiner Art an den Strid nahe Bolton Abbey in Yorkshire.

Mein deutscher Begleiter schlug seine Hosen hoch und begann, über die schroffen Felsen zu gehen; er drängte mich, ihm zu folgen.

Kurze Zeit tat ich das; aber als ich sah, daß er eine Reihe von riskanten Possen zwischen den schlüpfrigen Felsbrocken anstellte und ins Wasser trat, wollte ich nicht weiter mitgehen und kehrte ans Ufer zurück; ich überließ meinem beschwingten Begleiter, sich im Wasser zu tummeln, während ich die malerische Schönheit des Platzes bewunderte, wie er so dicht mit Bäumen umgeben sich darbot.

Man hatte mir erzählt, daß das Forellenfischen an der Rauschermühle ausgezeichnet sei, aber als ich den Wirt befragte, hieß es, niemand könne fischen, der nicht im Gasthaus wohne; und obwohl ich eine Abstandzahlung anbot, schüttelte er den Kopf.

Auf meinem Rückweg hatte ich fast die Haltestelle Plaidt erreicht, als jemand mich anrief. Ich drehte mich um, und da war mein fröhlicher Deutscher; er lief auf mich zu und bot mir den Schatten seines Schirms an, aber ich hatte genug von seiner Gesellschaft und lehnte das freundliche Angebot ab. Zwei Minuten später sah ich ihn am Buffet der Station, ein Glas Bier in der Hand, und singend, so laut er konnte. Einige andere hatten mit gutgeschulten Stimmen plötzlich ein Volkslied angestimmt, und er sang mit. Schon kam der Zug, und ich ließ ihn singend zurück.

Abends war ein besonders herrlicher Sonnenuntergang über dem Rhein; der breite Fluß war in wunderbare, immer wechselnde Farbtöne getaucht. Unser Künstler hatte dies Schauspiel über dem Zeichnen versäumt, er kam gerade herein, als die Sonne hinter die Hügel sank. Während wir ihm noch von seinem Versäumnis erzählten, rief er plötzlich laut auf, und wir sahen den wundervollen Nachglanz auf dem Fluß, fast noch schöner, als die Wirklichkeit gewesen war, so sanft und zart. Während wir in der Veranda zu Abend aßen, erschien der Mond, ehe all die herrlichen Farben das Wasser verlassen hatten. Selbst unser recht gleichmütiger Wirt wurde zur Bewunderung gezwungen, er ging herum und sagte immer wieder: »Wunderschön, wunderschön.«

Der nächste Morgen war unser letzter im Rheinland; ein Großteil der Eifel ist wirklich Rheinland, und die Landschaft nördlich von Köln ist nicht das, was man sich unter dem Rheinland vorstellt, obwohl der große Fluß noch viele Meilen weiterfließt, bis er sich in der Maas verliert.

Der Morgen war schön, aber Frühnebel lag über Vater Rhein und machte den Blick aus unseren Fenstern noch schöner.

Nach dem Frühstück ging einer von uns auf den Krahnenberg, den Hügel direkt über Andernach. Den ganzen Weg hinauf war die Aussicht auf Andernach, den Rhein und die umgebenden Hügel mit ihren Burgruinen schön und interessant. Die Vogelperspektive auf Andernach war perfekt. Zwei große Restaurants liegen oben auf dem Hügel, die Kaiserburg und der Krahnenberg, und von beiden aus ist ist der Blick auf die Landschaft mit dem Rhein und den Hügeln wirklich sehenswert. Es scheint eine Art Bergbahn von Andernach aus gebaut zu werden; aber es sind nur zwanzig Minuten bei flottem Gehen, bis man den Gipfel des Krahnenberg erreicht.

12. Kapitel

Cleve: Nach Hause über Hook van Holland

ABOUT midday we took the train to Cleves, and we greatly enjoyed the interesting and beautiful journey beside the Rhine, getting glimpses of old friends, especially of the seven Mountains, which we saw to great advantage.

Gegen Mittag nahmen wir den Zug nach Kleve und hatten viel Freude an der interessanten und schönen Reise am Rhein entlang, wo wir viel Altbekanntes wiedersehen konnten, vor allem die Sieben Berge, die sich besonders gut darboten. Dann genossen wir noch einmal einen Blick auf den herrlichen Dom und wechselten den Zug in Köln.

Es war mehr als halb sieben Uhr, ehe wir Kleve erreichten. Oft waren wir an dieser alten Stadt vorbeigefahren und hatten uns gewünscht, dort bleiben zu können; diesmal hatten wir einen Aufenthalt eingeplant, um von der Stadt etwas zu sehen.

Sie liegt sehr schön; der höchste Teil liegt so weit über der Eisenbahn, daß wir zum Hotel Prinzenhof, fast dem höchsten Punkt der Stadt, eine lange und steile Anfahrt machen mußten. Es war schon dunkel geworden, als wir aus einer engen Straße in eine Art Durchgang einbogen. Einen Augenblick wurde uns angst, alles war düster; aber dann fuhren wir um einen geräumigen, offenen Hof herum; und als wir aus dem Wagen stiegen, sahen wir, daß wir am Eingang eines Palastes standen.

Man leitete uns durch eine stattliche Halle, die mit schwarzen und weißen Marmorfliesen gepflastert war. Sie war hübsch ausgestattet mit geschnitzter Eiche und blau-weißem Porzellan, und da erinnerten wir uns daran, daß der Prinzenhof als Residenz für den Prinzen Moritz von Nassau Mitte des siebzehnten Jahrhunderts erbaut worden war.

Als wir ein wenig in einem der großartigen Räume neben der Halle ausgeruht hatten, trat der Wirt heran und fragte auf Englisch, ob wir unsere Räume sehen wollten. Wir glaubten, sie seien in der Nähe, oder vielleicht im nächsten Stockwerk, und als er voranging, folgten wir ihm. Wir gingen und gingen und gingen, bis wir eine schier unendliche Passage in einer Richtung durchschritten hatten; schließlich kamen wir zu einer Reihe kleiner Schlafzimmer, und wir sahen unseren Wirt an. Aber er erwiderte unsere Blicke nicht; er stolzierte, oder besser, trottete vorwärts - zum Stolzieren war er zu klein - bis er uns endlich in einen sehr großen Ballsaal von mindestens sechzig Fuß Länge gebracht hatte; dieser besaß eine erhöhte Nische, die entweder für ein Orchester oder als Bühne benutzt werden konnte.

Diesen geräumigen Salon durchquerten wir, und schließlich hielt unser Führer noch ein Stück weiter an und riß eine Doppeltür zur Rechten auf. Er zeigte einen großen, gut eingerichteten Schlafraum, mit reich verzierter Decke und einem riesengroßen Bogenfenster, zum Garten hinaus. Dahinter lagen noch zwei kleinere Räume, auch mit Doppeltüren; wir waren immer noch im Erdgeschoß und hatten erst einen Flügel des stattlichen Baus durchmessen. Am Ende unseres Flurs gab eine Tür den Zutritt zum Garten und zum Park frei, die den Prinzenhof umgeben.

Es war alles sehr bequem und herrlich nach unserer Eisenbahnfahrt, aber es war recht weit zu gehen, bis wir einen Speiseraum für das Abendbrot erreichten. Es erinnerte uns an eine frühere Erfahrung beim Mont St. Michel, dort war allerdings die Reise zum Speiseraum ein fast kreisrunder Abstieg, während das hier eben war.

Unser Essen war gut gekocht und sehr lecker, und unser Wirt kam und unterhielt sich mit uns, während wir aßen. Er meinte, wir müßten unbedingt in den Park hinter dem Hause gehen. Er erschien überaus stolz auf »den Park« und das Hotel. Es erschien zuerst überraschend, daß er solch ein Haus überhaupt halten konnte, denn es war ruhig und still; später sahen wir, daß eine Menge Gäste da waren, obwohl, wie wir erfuhren, die Saison gerade vorüber war.

Kleve scheint ein sehr beliebter Sommeraufenthalt für holländische und norddeutsche Erholungsuchende, und der Prinzenhof ist sicher ein ideales Hotel, wenn man Ruhe und Bequemlichkeit sucht. Wir bewunderten einige schöne Fotografien von preußischen Hoheiten, die nett gerahmt an den Wänden hingen, und unser Wirt erzählte uns eine reizende Anekdote über den verstorbenen Kaiser Friedrich.

»Ah, er war ein prächtiger Mann!« sagte er. »Er liebte es, incognito herumzugehen. Ich erinnere mich: als ich Kellner in einem Hotel in K..... war, kam eines Tages ein großer, hübscher Mann allein herein, um zu frühstücken; ich dachte, ich kenne sein Gesicht, so nahm ich das Gästebuch und bat ihn, seinen Namen hineinzuschreiben. Er schrieb sofort, und ich sah, daß er die Worte »Friedrich, Kaiser« geschrieben hatte.

Dann sagte ich zu ihm, »Ich dachte es mir, Majestät; das war der Grund, daß ich Euer Majestät das Gästebuch brachte.«

»Der Kaiser war sehr erfreut; er lächelte und sagte: »Sie sollen mit Champagner auf meine Gesundheit trinken, und ich will Ihnen auch zwei Flaschen Rotwein geben.«

»Ah, er war ein prächtiger Mann, der Kaiser Friedrich!«

Vom Blick aus unseren Fenstern am nächsten Morgen waren wir entzückt; wir sahen über einen kleinen Fluß, der durch die Wiesen zum Land unten fließt; dies mußte, so dachten wir, der Rheinarm sein, der in der Geschichte vom Schwanenritter »Hermistal« genannt wurde. Über einige Obstbäume hinweg sahen wir den berühmten Schwanenturm, gekrönt von seiner Schwanenfigur; die Stadt lag hinter und unter ihm.

Beim Frühstück trafen wir eine gesellige Gruppe englischer Damen auf ihrem Weg zurück nach England; sie kamen aus der Schweiz und reisten auf der bequemen Ostroute.

Nach dem Frühstück gingen wir in die Stadt hinunter und waren erfreut, daß wir in den Läden alles fanden, was wir brauchten; dann kamen wir zur Schwanenburg, die sehr malerisch auf der Spitze ihres hohen Hügels steht, überragt von

Kleve: Der Schwanenturm

ihrem hohen Schwanenturm. Einige Türrahmen im Schloßhof sind reich gemeißelt, man findet auch einen interessanten Altar, der in der Nachbarschaft gefunden worden war, einen quadratischen Steinblock mit einer Inschrift; ein Teil davon ist abgebrochen. Der Turm ist sehr massiv; es scheint, daß er reparaturbedürftig ist, aber von seinem oberen Geschoß hatten wir einen weiten Blick über die Umgebung; wir konnten so eben den Rhein ausmachen, der heute ganz sicher nicht unter den Mauern des Schlosses fließt. Trotzdem ist es unmöglich, die Geschichte vom Schwanenritter von Kleve zu bezweifeln, oder, in ihrer populären Fassung, von Lohengrin.

Als Justinian Kaiser der Römer war, war Hildebert König der Franken und Pipin Heristal Herzog von Brabant; das war um das Jahr 713. In diesem Jahr starb Theoderich, Herr von Kleve. Er war der letzte männliche Nachkomme des Trojaners Ursinus, des

Eroberers von Kleve und Gründers der Herrschaft. Beatrix, Theoderichs Frau, die Tochter des Grafen von Teisterband, hatte ihrem Gemahl keinen Sohn geboren. Bei seinem Tod fiel also die Erbschaft an seine Tochter, sein einziges Kind, das nach seiner Mutter Beatrix genannt war.

Die junge Erbin war eine Waise, ihre Mutter war einige Jahre zuvor gestorben, und sie fand sich plötzlich Herrin nicht nur von Kleve, sondern auch von Teisterband. Ihre große Schönheit und die Anziehungskraft ihres reichen Erbes zog bald eine Menge edler Bewerber zu ihr; aber Beatrix fand sie roh und ganz und gar nicht geistig ebenbürtig. Sie hatten kein Gefühl für den tiefen Gram, in den der Tod ihres edlen Vaters sie gestürzt hatte. Jeder von ihnen dachte nur an sein eigenes, selbstsüchtiges Vorhaben, und jeder, voller Angst, daß ein Nebenbuhler seinen Hoffnungen ein Ende machen könnte, drängte auf eine Antwort; jeder strebte, Beatrix´ Jawort zu erhalten, durch heftige Forderungen und Beteuerungen und schließlich durch Drohungen.

Die junge Erbin wollte weder ihren Liebesschwüren noch ihren Drohungen nachgeben. Sie hatte einst in einem Traum das schöne Antlitz eines Ritters gesehen, und dies Traumbild stand immer vor ihr. Sie fühlte, daß nur dieser Ritter ihr Herz gewinnen konnte, wenn er wirklich existierte, und sie beschloß, daß ihre Hand nur gegeben werden sollte, wenn auch ihr Herz mitsprach. Ihren Bewerbern erklärte sie, daß sie keinen von ihnen heiraten werde, und daß ihre Beharrlicheit nutzlos sei. Inzwischen erfüllte das Bild ihres Traumritters ihre Seele.

Ihre gierigen Bewerber waren wütend über ihre entschlossene Ablehnung und fanden sich zu einer Bruderschaft des Hasses: da keiner von ihnen hoffen konnte, die schöne Erbin mit ihrer Zustimmung zu gewinnen, beschlossen sie, sie zu bestrafen. Sie fingen an, ein Turnier vor den Mauern des Schlosses zu planen. Beatrix und ihr reiches Erbe sollten der Preis des Siegers sein.

Eines Tages, als die Vorbereitungen für diesen grausamen Plan im Gange waren, saß Beatrix auf der Plattform oben auf ihrem hohen Turm.

Sie war sehr traurig und einsam, sie sehnte sich nach ihren Eltern.

Kleve: Blick vom Rhein auf den Schwanenturm

Es war ein lieblicher Sommermorgen, aber sie achtete nicht auf den Sonnenschein und den wolkenlosen Himmel oder auf die weite Landschaft im warmen Sonnenlicht vor ihr. Der silberne Rhein plätscherte sanft an die grünen Ufer, aber Beatrix war in ihre verstörten Ge-

danken so vertieft, daß sie nicht darauf achtete, was um sie vorging. Vergeblich fragte sie sich, woher wohl Hilfe kommen könnte, aber sie bekam keine Antwort. »Oh, würde doch mein Traum Wirklichkeit!« seufzte sie, »aber diese Hoffnung ist vergangen.«

Sie hatte mehr als eine Stunde gesessen, in diese fruchtlosen Gedanken verstrickt, als sie sich plötzlich erhob und in die Ferne schaute, als ob von dort Hilfe kommen würde. Und siehe da! Weit draußen auf dem Strom sah sie einen kleinen, weißen Fleck, der immer näher und näher kam und dabei immer größer wurde. Dann, oh Wunder! sah sie, daß es ein riesiger Schwan war mit schneeweißem, glänzendem Federkleid. Von seinem schlanken Hals hing eine goldene Kette, und an dieser zog der Schwan geschwind ein Boot.

In diesem Boot stand ein großer Ritter, dessen schönes, männliches Gesicht von seinem wehenden Haar beschattet war. Er sah edel und auch heldenhaft aus. Seine rechte Hand trug ein goldenes Schwert, an seinem Finger blitzte ein kostbarer Ring, ein schönes Jagdhorn hing an seiner Seite, und vor ihm im Boot stand ein roter Schild mit acht goldenen Szeptern in Lilienform auf einem Silberfeld; dieser war befestigt durch ein goldenes Band mit einem großen Smaragd.

Bald schwamm der Schwan zum Schloß, hielt an, und der Ritter verließ das Boot und fragte am Schloßtor danach, die Herrin des Landes zu sprechen.

Beatrix verließ den Turm und ging zu dem Ritter hinunter.

Mit freudiger Überraschung und tief errötend erkannte sie in ihrem Ritter das Traumbild, das sie so gern in Wirklichkeit erblicken wollte - aber wie viel edler und vornehmer war die Wahrheit als der Traum!

Der Ritter verneigte sich ehrerbietig vor ihr.

»Woher kommt Ihr, Herr Ritter?« sprach sie.

»Ich komme, Herrin, aus einem weit, weit entfernten Land. Helias Grail ist mein Name. Ich bin hierher gesandt, um Euch zu schützen, und wenn Ihr, Herrin, mir Eure Sache anvertrauen wollt, so kann ich all Eure Feinde zurückwerfen.«

Beatrix hielt dem Ritter ihre Hand hin. Wie hätte sie ihm nicht trauen sollen, da er schon in ihrem Herzen wohnte?

Sehr bald liebte Helias Grail das schöne, junge Mädchen, und das glückliche Paar heiratete. Aber vor der Trauung ließ Helias seine Braut versprechen, niemals zu fragen, von welchem Geschlecht er herstamme, oder eine Frage nach seiner Familie zu tun; sein Geschick, so sagte er, verbot ihm, zu antworten, und schon die Frage würde ihnen beiden Kummer bringen.

Helias Grail erfüllte sein Versprechen, Beatrix zu schützen; sein Schwert war überall siegreich, und kein Feind konnte ihm widerstehen.

Sein Ruf war bald überall verbreitet, er wurde zu den höchsten der Fürsten und Edlen gerechnet, und der Kaiser Theodosius erhob ihn zum Grafen und machte die Provinz Kleve zu einer Grafschaft.

Die Heirat zeigte sich als sehr glücklich, das Ehepaar liebte einander täglich mehr, und im Lauf der Zeit schenkte Beatrix ihrem Gatten drei schöne Söhne. Alles ging gut durch einundzwanzig Jahre in diesem irdischen Paradies. Dann aber ergriff das Verlangen nach dem Verbotenen, das sie schon oft beunruhigt hatte, vollkommen Besitz von Beatrixs Geist. Noch kämpfte sie gegen ihre Neugier, aber eines Nachts entschlüpfte ihren Lippen doch die Frage.

»Meinst Du, Liebster, daß unsere Söhne, wo sie nun Männer werden, niemals erfahren sollen, woher Du kamst, oder den Namen des Geschlechts, aus dem sie stammen, und den Du durch Deine Taten so viel edler gemacht hast?«

Helias stieß einen tiefen, zitternden Seufzer aus. Er erhob sich von seinem Bett.

»Alles ist vorbei,« sagte er trauervoll. »Diese Frage endet unser Glück. Sie bringt uns beiden Unglück. Ich muß Dich verlassen, liebstes Weib; ich bin abberufen; keine Macht auf Erden kann mich hier halten.«

Dann umarmte er Beatrix zärtlich, er schloß seine Söhne in die Arme und gab dem ältesten, Theoderich oder Dietrich, seinen Schild mit dem Gehänge und sein goldenes Schwert; er ernannte ihn als seinen Nachfolger als Graf von Kleve und Teisterband; seinem zweiten Sohn Leon gab er sein Jagdhorn und die Herrschaft Leon; dem jüngsten, Konrad, gab er seinen Ring. Dieser Sohn Konrad wurde durch Heirat Landgraf von Hessen.

Am gleichen Platz, wo einundzwanzig Jahre zuvor Beatrix ihren

Gatten hatte landen sehen, erschien wieder der Schwan mit dem Boot am goldenen Band um seinen Hals. Helias trat in das Boot, obwohl seine Frau flehend die Arme ausstreckte und ihn bat, zurückzukehren; der Schwan schwamm langsam weg; die unglückliche Beatrix sah vom Turm aus hinterher, bis das Boot mit seinem Insassen nicht mehr zu sehen war.

Helias Grail wurde nie mehr gesehen, aber ein geheimnisvolles Gerücht kam auf, daß er in einem fernen Land im Kampf gegen die Sarazenen den Tod gefunden habe. Noch ehe das Jahr zu Ende war, hatte Beatrix im Grabe Ruhe gefunden vor ihrem Gram um verlorenes Glück.

Das Schloß von Kleve wurde von den späteren Besitzern Schwanenburg genannt; ein Schwan ist noch zu sehen auf der Spitze seines höchsten Turmes, des Schwanenturms, dorthin gesetzt zur Erinnerung an den Schwanenritter, Helias Grail.

So wird die Geschichte in der alten Chronik von Kleve erzählt.

Kleve: Schwanendenkmal

Die Prinzessin Anna von Kleve, die vierte Frau von Heinrich dem Achten, ist in diesem Schloß geboren. Seine Grundmauern und unteren Mauerteile sollen römische Arbeit sein. Ein paar Schritte weiter brachten uns zur Spitze des dritten der Hügel von Kleve, und zu dem kleinen Marktplatz, wo die schöne Stiftskirche steht. Sie ist im vierzehnten Jahrhundert aus Backstein erbaut und hat zwei hohe Kirchtürme. Innen findet man im nördlichen Seitenschiff, nahe dem Ostende, ein sehr interessantes Monument, auf dem die Marmorfiguren des Grafen Adolf von Berg und seiner Frau Margarete von Berg zu sehen sind. Über dem Sarkophag befindet sich die Lanze des Grafen Adolf, mit der er im Jahr 1397 den Helm vom Haupt des Herzogs Heinrich von Geldern stieß. Einer der Nachkommen von Graf Adolf wurde 1416 vom Kaiser Sigismund zum Herzog von Kleve erhoben.

Die Kirche enthält auch eine Menge moderner Holzschnitzereien, und eine schöne Gedenktafel, die ein Monument im Südschiff bedeckt, von Herzog Johann dem Zweiten und seiner Gemahlin Mechtild von Hessen. Nahe bei der Kirche steht das moderne Denkmal des Schwanenritters, die Gestalten darauf sind gut ausgeführt.

Nachmittags spazierten wir in dem ausgedehnten Gelände des Prinzenhofes. Es ist mit schönen Bäumen und Sträuchern bepflanzt; näher am Hause sind Blumenbeete. Der Park ist etwa fünfzig Acres groß. In Kleve ist auch ein Heilbrunnen, das Wasser soll eine günstige Wirkung haben auf nervöse Leiden, Rheumatismus, Gicht und andere Leiden; es wird besonders empfohlen für Rekonvaleszenten.

Unsere englischen Freunde zeigten uns ihr Zimmer, das noch bemerkenswerter war als unseres; ebenso groß, aber mit Wandteppichen verkleidet und insgesamt unheimlicher. An der Decke waren religiöse Themen in weißem Gips angebracht, so weit ausgelegt, daß es schien, als ob eine der größten Figuren wirklich die Decke auf unsere Köpfe herunterbringen wollte.

Um sieben Uhr nachmittags verließen wir das Hotel und nahmen den Schiffszug nach Hook van Holland; der Zug verließ Kleve um achtunddreißig Minuten nach Sieben, deutscher Zeit. Der holländische Zöllner in Nymwegen ließ uns leicht durch; er ging durch den Wagen, guckte und fragte, ob wir irgend etwas in unserem Handgepäck zu verzollen hätten; wir sagten »Nein«, und freundlicherweise ließ er uns in Frieden.

Als wir in Nymwegen einfuhren, kam ein rundlicher, junger, holländischer Kellner an das Wagenfenster und hörte nicht auf, uns anzuschreien »Wein, Kaffee, Bier, Wein, Kaffee, Bier,« so laut er konnte. Der Zug setzte sich in Bewegung, und wir hofften, er hätte uns vergessen, aber nein, er schrie wieder »Wein, Kaffee, Bier«, noch wilder als zuvor.

Die Einfahrt nach Rotterdam über die Maas in der Nacht und die Reise durch diese außergewöhnliche Stadt waren unbeschreiblich geisterhaft und fremd.

Diesmal war unser Dampfer die Chelmsford, auch ein sehr schönes und schnellsegelndes Schiff. Etwa sieben Stunden nach der Abfahrt von De Hook waren wir am Parkeston Kai: unsere glückliche Reise durch die Eifel war vorbei.

Im Rhein-Mosel-Verlag erschienen:

Dies ist die Geschichte von Peter Zeutzheim, die Geschichte seiner Flucht aus dem Koblenzer Gefängnis, in das ihn die Nazis gesteckt hatten. Einer Flucht in die Wälder seiner Heimat, die ihn in abgelegene Dörfer und versteckte Mühlen, auf alte Burgruinen und in verlassene Schieferstollen führte – einer Flucht auf Leben und Tod.

Georg Giesing
»Fluchtweg Baybachtal«
160 Seiten 19,80 DM
ISBN 3-929745-18-6

Was fühlt eine alleinerziehende Mutter von fünfunddreißig, wenn der erwachende Frühling die Sinne verwirrt?
Britta provoziert die Begegnungen mit dem maskulinen Geschlecht und fordert ihr Glück heraus – bis schließlich nur noch das Chaos regiert, ein entzückendes Chaos: frech, spritzig, romantisch und durchzogen von humorgeladener Selbstironie.

Christiane Fuckert
»Ein Hauch von Chaos«
256 Seiten 19,80 DM
ISBN 3-929745-20-8

In jeder Buchhandlung oder direkt bei:
Rhein-Mosel-Verlag, Römerstraße 6, 56867 Briedel, Tel. 06542/5151 Fax /61158